貓走過的近現代

猫が歩いた近現代

化け猫が家族になるまで

歷史學家帶你一窺日本人與貓的愛恨情仇！

真邊將之 著
陳嫺若 譯

目錄

5 貓的戰後復興與高度成長——貓的「嬰兒潮」

6 現代貓生活的形成——高度成長結束之後

序

思考「貓的歷史」的意義

當我告訴別人，我想寫一本貓歷史的書，對方的反應大致分成兩種，有的說「好像很有趣」，或是「爲什麼要寫這麼無聊的題目？」現在正展開本書的人很可能以前者居多。不過也許還是有人懷惴著後者的想法拿起這本書。我期盼對這本書不以爲然的朋友也願意讀，所以才寫的。希望各位務必稍微忍耐一下，繼續讀下去。因爲，您的不以爲然，也構成「貓的歷史」的一部分。

很久以前就有人指出，歷史學的世界裡缺乏了未留下文字（或無法書寫）者的歷史，因而進行了種種嘗試想克服這個問題，也就是如何能將「未訴說」或「無法說」的存在描述成歷史的主體。從這個觀點來說的話，與下層民眾、少數群體各種被壓抑的階級相比，動物更加是沒有訴說語言的「弱者」。動物本身既然沒有語言，所以用動物爲主體來敘述歷史，幾近不可能。如果以史料（相當於人類的紀錄）爲根據來撰述歷史的話，必然是從人類的角度來看人與貓的關係，換言之，必定是以人類看待貓的目光所寫成的歷史。

如果貓的歷史，是人類看待貓的目光所寫的歷史，那麼對貓不感興趣、討厭貓也都會是「貓的歷史」的一部分。不只是貓，這點也是「動物歷史」本質上要面對的困境。但是同時，正因爲如此，「貓的歷史」對人類而言也變得十分重要。因爲，貓的歷史正是以貓爲鏡，人類本身的歷史。

仔細想來，動物與人類之間以貓爲首，關係極其複雜。疼愛動物的人雖然很多，但是犧牲動物取得毛皮穿在身上，或使用經動物實驗開發之商品的人大有人在。愛護貓和狗的人認爲吃貓肉或狗肉，簡直是罪大惡極，但是卻能毫不猶豫的大啖牛肉或豬肉，進而對大學等研究機構利用犬、貓作爲實驗材料的現況，也並沒有那麼多人反對。動物對人類而言，有時候是可愛疼惜的寵物，有時候是食材或商品，有時候卻也是實驗材料。像這種一言難盡的複雜關係，透過追溯過去，更增加了其複雜性，而變得富有變化。從這層意義上，考察動物的歷史便間接經由稱之爲動物的他者，和所謂歷史的過去，來映射出人類社會的實態。

街談巷說的通俗「貓歷史」記述，有些寫得虛幻不實，像是「日本人自古就喜歡貓」「把貓視爲至寶」等。可能作者本身喜歡貓，所以幻想著如果古代人眞是如此該有多美好，但現實中，歷史並不是虛幻故事。雖有喜歡貓的人，但也有討厭貓我行我素的人，如本書中所見，即使是「愛貓」的定義，也是古今有別。過去某個時代，即使是公認和自認愛貓的人，同時卻也能滿不在乎的棄貓或打貓。筆者認爲「日本人從古至今都是愛貓族」——這種單純而恣意的歷史記述方式，就算是今日愛貓人將自己的願望投射在歷史上，但卻未直視貓走過的過去，同時也未誠實面對過去活在世上的貓。

進而，過去有關貓歷史的書大多描述古代到江戶時代的部分，幾乎沒有將明治以後作爲主體來描述的文本。但是，日本的貓歷史變化最劇烈，而且與現在直接連結的，就是這個時代。如果不探索貓在近現代史中的生活實態，就無法了解現代人與貓的關係，是在什麼樣的歷史因果基礎下形塑而成。

透過對以上問題的關注，本書希望能描寫貓在日本近代、現代的歷史，同時思考對貓而言，「近代」「現代」是什麼。當然，如前所述，所謂「貓的近代」「貓的現代」，畢竟還是貓凝視人類社會的目光。而且這道目光摻雜了種種愛恨情仇，極其複雜而富含變化，絕非一語可道盡，所以也因此產生了種種問題。

回顧造成貓評價「割裂」的成因及歷史，不但有助於了解貓與人類的關係，在這處理社會割裂與對立的近代世界中，也會在我們思考擁有多元價值觀的人類如何共生的問題上，成爲寶貴的參考材料。明知這麼說是種邏輯的跳躍，但我還是要大膽的說，貓的問題正是未來民主主義的問題。一開始我提到希望討厭貓的人也能看，就是這個因素。用貓這個常見的素材爲基礎，若是各位能與我一同回顧近現代歷史，了解未來貓與人類關係的走向，換言之，能夠由此得到思考貓兒周圍、人類社會未來走向的材料，則甚感欣慰。

另外，本書（日文原版）史料引用上，有一部分會將日文舊字體換成新字體，附上拼音，並做部分修正。而出典中部分報紙則以《朝日》《每日》《讀賣》等簡稱稱之。

1

貓的「黎明前」——前近代貓的形象

貓的「明治維新」與江戶的「貓旋風」

貓的「近代」起點在哪裡？

日本近現代史的起點在哪裡？很多人會回答「明治維新」吧。二〇一八年（平成三十年），各地博物館、資料館為紀念「明治一百五十年」紛紛舉辦各種相關展示，這些回顧明治時代的活動現在仍記憶猶新。那麼，對貓而言，明治維新也是近現代史的出發點嗎？

先說結論，明治維新對貓的生活並沒有帶來太大的影響。再怎麼說，明治這個時代區分，都只是人類社會的產物。就貓的角度來說，在明治中期以前，與江戶時代的生活狀態沒什麼太大的變化。貓社會是沒有「明治維新」的。當然，如同後述，明治維新之後，日本推展近代化的過程中，人類社會有了變化，因而人類對貓的看法和態度，也開始緩緩有了改變。從這層意義上，當然是有間接性的影響。但是，明治維新在當下並沒有對貓的生活造成直接的影響。

維新之後「文明開化」的肉食熱潮中，貓兒一如故往仍然是肉食，牠只不過趕上最尖端的流行風俗，而肉食普及到家庭生活則是更晚近的事（肉的消費量超越魚的消費量，是在戰後高度經濟成長期）。到了明治之後，貓的飲食基本上與江戶時代無異，爲米、雜糧、柴魚片，淋上味噌湯的「貓飯」，和魚骨頭等人類吃剩的廚餘。若要說有什麼變化，頂多就是人類社會開始喝牛奶，所以出現了用牛奶餵貓的人（恐怕也只是少數）而已。

所以，明治維新之後的一段時期，貓還是過著近代之前的「前近代」生活。本章將描述江戶時代後期到明治中期的「近代以前」，貓在這段時期所處的狀況，作爲思考貓在近現代樣貌的「前史」。

江戶的「貓旋風」？

提到江戶時代的貓，近年頻頻會舉出歌川國芳等浮世繪中的貓爲例，相信不少人都有江戶時代的人都愛貓的印象，甚至還看過江戶時代也有「貓旋風」的說法。的確，江戶時代愛貓人不少，國芳也是其中一人。也出土過貓的墓，和整齊埋葬的貓骨等。許多貓得到寵愛是事實，但是，江戶時代眞的出現過貓旋風（爆炸性流行）嗎？

最常被援引為江戶「貓旋風」說法佐證的，是前述歌川國芳的貓浮世繪。國芳對江戶時代貓的繪畫世界，的確發揮了極大的影響力。當時浮世繪的貓，以圖1所示喜多川歌麿的作品為例，是以陪伴主角美人的形態出現，大多是畫中的小配角。然而國芳大幅轉變了貓作為陪襯

圖1　喜多川歌麿〈浴後的美人〉（浴後の美人）

角色的處理，將貓擬人化，或是以貓臉來描繪歌舞伎名伶的肖像畫，以天馬行空的創意將貓畫成畫中的主角。

國芳的人氣

寫到這裡，既然國芳藉由將貓擬人化達到「主角」化而贏得好評，那就表示「貓旋風」確實存在過嘍？——我彷彿能聽到這樣的聲音。但是，打著「江戶貓旋風」爲名號的展示會中，國芳與其弟子的作品確實在展出的貓畫裡占了很大一部

圖 2　歌川國芳〈貓的納涼船〉（猫のすずみ，東京國立博物館藏）

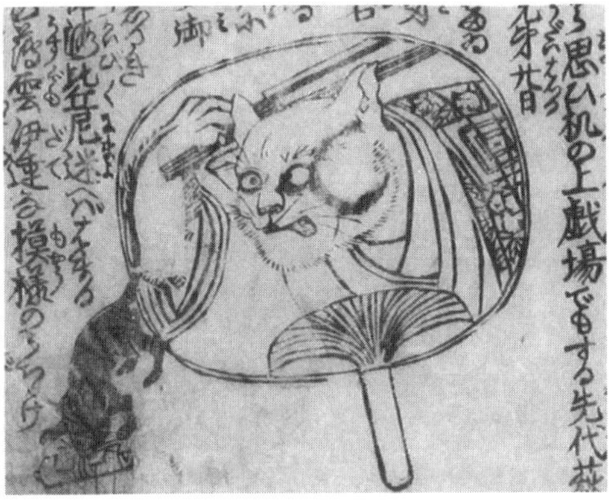

圖 3　將「荒獅子男之助」畫成貓的團扇畫（美圖垣笑顏作，歌川芳艷畫《花紅葉錦伊達傘》〔紅英堂，1842 年，早稻田大學圖書館藏〕，為了表現該畫受歡迎的程度，特地仿效來作為文章的插畫）

分。所以如果問國芳之外的畫家是否有爭相畫貓呢？事實上並非如此。如果大部分的畫都只出自國芳和其弟子之手，那會不會只是「國芳畫作」的熱潮呢？

此處我們必須思考一個問題，那就是國芳的畫之所以洛陽紙貴，眞的是因爲他的作品是在畫「貓」嗎？國芳作品的本質就在於「奇思妙想」（辻惟雄《奇想の系譜》ちくま学芸文庫，二〇〇四年）。也就是說，國芳的浮世繪最大的特點，就在於國芳運用自己的巧思，讓世人感到驚訝、覺得有趣。而以貓爲題材的畫作也屬於這種「奇思妙想」的變格之一。

那麼，國芳貓畫的「奇思妙想」究竟是什麼？國芳的貓畫中很多都將貓擬人化，也有很多是歌舞伎伶人的肖像畫。這種用貓比擬人物的趣味，是他大受歡迎的一大原因。天保一三年（一八四二年）正月新版的合卷[1]《花紅葉錦伊達傘》（蔦屋吉藏）的序文提到：「現今世井間最流行的，莫過於國丸玩鞠球，國芳以貓模擬之百面像裡，男之助最爲成功」，這句話經常被援引來形容國芳戲畫的紅極一時。「百面相」指的是歌舞伎伶人的肖像畫集，「男之助」則是以仙台伊達

1 譯注：江戶後期流行的插畫小說之一，內容包含寓言、怪談、言情、仇殺、古典翻案等故事，當時五頁爲一卷，兩三冊爲一部，數冊或數十冊的長篇合訂本便稱爲合卷。

家內部爭鬥爲主題的「伽羅先代萩」中的角色荒獅子男之助。值得一提的是，在「伽羅先代萩」中，這位荒獅子男之助的角色踩住一隻叨著畫卷的老鼠，欲追捕之，這一點也許就是將他比喻爲貓的趣味來由。國芳本身是個貓迷，正因爲如此，才能將戲畫中貓的生態畫得栩栩如生、活靈活現。

但是，受群衆歡迎的並非貓本身，而是「模擬」，只要畫得有趣，就算畫的不是貓，而是狗或老鼠都行。而且事實上，國芳也在許多戲畫中運用過貓之外的動物，而且都受到歡迎。即使是最熱門的「貓的百面相」，也不只是模擬貓，而是把每隻貓畫得與當時的伶人唯妙唯肖，這應該是另一個大受群衆喜愛的主因。江戶時代愛貓者衆，這句話本身並沒有錯，但是就如同今日的愛貓族，百般「疼愛」貓的人，從社會整體來說只占了一小部分。如果繪畫的主題只聚焦在貓的魅力上，把標的縮小到當時極少數的客群——只因爲畫貓才喜愛的人，那恐怕就不可能大受歡迎了。

同樣的道理也可以套用在同爲愛貓人的山東京山所撰寫，由國芳操刀畫插畫而大受歡迎的草雙紙[2]《朧月貓草紙》（山本平吉，一八四二年至一八四九年），如果這冊《朧月貓草紙》是因爲「貓旋風」的風潮才受到歡迎，那麼接下來應該會陸續推出以貓爲主題的作品，但實際上這種狀況並沒有發生。

日本文學研究家津田眞弓認爲，即使是國芳畫插圖的文學作品，也看不出有積極運用貓題材的跡象（津田眞弓〈歌川国芳画「朧月猫草紙」と猫図」〉《浮世絵芸術》一五二，二〇〇六年）。《朧月貓草紙》受歡迎的事實，和它是否來自於「貓旋風」，本來應該是不相干的，但是近年來經常將有貓出現的作品熱賣這件事，輕易與「貓旋風」畫上等號。如果眞有「貓旋風」產生，那麼草雙紙的作者應該會爭相寫貓才對，但是結果並沒有。

滅鼠畫

同時，滅鼠貓畫也是江戶時代頗爲著名的貓畫作，經常和國芳的畫一起被用來佐證貓在江戶時代的人氣。這種滅鼠的貓畫，國芳雖然畫得很少卻有分量，至於因爲有名而較多流傳下來的作品，則是祖上據說爲新田義貞[3]的岩松家家長所繪的「新田的貓畫」。

但是，如果問這是否是「貓旋風」的一環，答案是否定的。這幅畫的目的是當作滅鼠的符

2 譯注：江戶中期之後流行的大衆小說總稱，各頁附有插畫，多以平假名書寫。依封面的顏色分成赤本、黑本、青本、黃表紙，長篇合訂本稱爲合卷。

3 譯注：新田義貞（1301-1338）爲鎌倉幕府到南北朝時期的名將。

咒，並不是因爲畫中的貓可愛，才掛起來裝飾。江戶時代的農村，尤其是家中養蠶的農家，爲了對付老鼠等的實用目的，很多家庭都買貓。既然是爲了實用目的，如果發現貓不會抓老鼠，馬上就會被當成累贅，甚至間接演變成棄養。明治時代的雜誌中便寫道：「若是不作捕鼠用，就成了吃白食的累贅畜」（〈猫の鑑定法〉《農業雜誌》四二七，一八九一年），想必在此之前這種觀念相當普遍吧。一八七六年（明治九年）的報紙也報導「武州八王子一帶的養蠶場多養貓防鼠，即使沒有老鼠問題，有些人也會到附近買了老鼠藥來用，因此貓誤食老鼠藥死亡的事件屢見不鮮。」

圖 4　新田的貓畫（太田市立新田莊歷史資料館藏）

（《讀賣》一八七六年六月一日）。可見抓老鼠比貓更重要。

招財貓

此外，人們在說明江戶時代的「貓旋風」時，也少不了會提一提招財貓。江戶後期，的確各地都燒製招財貓販賣，作爲保佑發大財的幸運物，如淺草販售的今戶燒招財貓、住吉大社初辰參拜的招財貓等。但是，這種商品受歡迎能不能稱爲「貓旋風」呢？招財貓雖然是貓衍生的商品，但是人們購買時是否衝著貓來的？令人存疑。因爲，如果人們買招財貓回來，當作眞貓的代替品，那麼貓本身就有納福招財的形象，這麼說的話，卽使很多人用眞貓來招財也不奇怪才對。但是，當時並沒有發生養貓來招財——套句現代的話就是「招牌貓」或「福貓」——的動靜。換句話說，筆者認爲招財貓這種商品，是一種護身玩偶或擺設，與現實的貓有所區別。

綜藝史研究家前田憲司認爲，江戶時代的文藝作品中「幾乎都將貓描繪成魔物或妖魅之物」，「並沒有讓貓以吉祥物或招財貓的角色出現」，與有狗出場的落語相比，這種特徵尤其明顯。他特別指出，落語中將貓擬人化來述說時，「都是有些可怖的故事」（前田憲司〈落語にでてにくる猫たち〉菊地眞、日本招貓俱樂部編《招き猫の文化誌》勉誠出版，二〇〇一年）。此外，歌舞伎方面，就如「在日本舊劇中，卽使貓出現也都是不正經的怪貓，引發風波後卽被制伏，下場慘淡」（水木京太〈「不完全な家」にて〉《中央公論》一九二六年一月號）所述，幾乎沒有招福的形象。換句話說，這顯示出招財貓招福的形象，完全沒有影響到現實中的貓形象。簡言之，招財貓雖然是從貓衍生出來的產物，但卻與眞實的貓有所區隔，以「招財玩偶」的姿態消費、流通。

圖 5　島霞谷於 1860 年代拍攝的貓（島榮一收藏）應該是最早期拍攝貓的照片。

上述國芳的貓浮世繪、滅鼠貓畫，確實個別都很暢銷，而且掀起一股潮流。把這幾種物件拿出來並列，看起來的確彷彿有過「貓旋風」。但是，這些物件的熱潮都在自己的脈絡中發生，並不是貓本身受到歡迎。筆者這裡堅持的是，這種「貓旋風」的切入點，其實是非常偏狹的看法，只是把現在人類與貓的關係或心願投射在過去罷了。那麼，江戶到明治期間，在人們的眼中又是怎麼看待貓的呢？請聽我娓娓道來。

明治初期的貓認識

對貓的感覺方面，與現代人的相異之處

江戶時代到明治初期存在著一定數量的愛貓人，是不可否認的事實。但是，這個時代人們的「愛貓」，與現代「愛貓」的思維並不相同。舉例來說，當時絕育的技術尚不普及，貓兒不斷的生仔，誠如「產仔甚多的話，留下其中之一，其餘留之無益，多有丟棄河海之風」（愛貓生〈猫肉を食用に供すべき事〉《農業雜誌》二四六，一八八六年）所述，大多遭到殺害。值得一提的是，這篇文章的作者認爲既然丟棄，不如將牠吃掉，因而建議讀者吃貓肉。刊登這篇文章的是正經的農業雜誌，並非玩笑話，而是眞誠的建議。即使人們養貓，但如何飼養還是相當本位主義的，一

旦出了什麼狀況就立刻趕出家門，殺害貓崽也沒有任何罪惡感，應該是江戶到明治時代普遍的觀念。當時連人類的嬰兒，都有「間引」（殺嬰減少人口）的風俗，所以殺貓根本算不了什麼。即使到了明治時代，不時也散見自家貓偷東西，而加以撲殺或投入河海的報導。像今日抱持「怎麼可以殺貓」觀念的人，當時從整體來說還算是極少數。

對「貓神」的感覺

但是，另一方面，的確有某些地方將貓奉爲神明祭拜，這種習俗在養蠶地帶特別多。舉例來說，盛行養蠶的宮城縣丸森町一帶，存在著多座貓神和寫有「貓供養」的石塊。這番舉動必定是在感謝貓驅除老鼠、保護蠶寶寶的心情爲基礎下成立的，只是，它並非祭奠，而是將貓昇華爲「神」，筆者認爲這必然有其他觀念的介入。

我們必須先了解，現代的我們和當時的人對「神」的感覺，就如對「貓」的感覺一樣，也相當不同。在那個時代，人們連森林深處、山的另一邊是個什麼樣的世界都不太清楚，對自然現象也沒有科學的解釋，腦海中對大自然懷著強烈的敬畏之心，而掌管這些奇妙天地異變的神，與對大自然的「敬畏」——即「恐懼」的感覺，乃是表裡一體的關係。

舉例來說，宮城縣的田代島以「貓島」聞名，吸引了許多觀光客前往朝聖。但是這個島現今雖被定位成「愛貓者的樂園」，但是田代島本來祭祀的貓神是貓妖，並不是如現在網友們宣傳，基於「因爲島民愛貓」的原因。一八八九年（明治二十二年），彙整田代島傳承的《田代管見錄》（宮城縣立圖書館藏）記述，此地有山貓體大如犬，在夜裡出沒作怪的傳承，所以「人恐之如鬼神」。此外，犬隻禁入島上的原因，現在常用來說明島民愛貓，但依據前書撰述的內容，是源自於有狗進入的話就捕不到魚的傳承。

不只是在島內，宮城縣內自古就流傳著民間傳說，田代島的貓會迷惑人類或是附身。傳說如果帶了槍或犬隻上田代島，貓妖就會讓人們受傷或是死亡，所以才將牠奉爲神祇祭拜（松谷みよ子編著《女川．雄勝の民話》國土社，一九八七年），以及田代島上的老貓會捕食島上犬隻，所以一隻狗都沒有、下雨的夜晚老貓鳴叫如雷，呼風喚雨等傳承（《讀賣》一八七八年一月二六日），在在訴說著人們將貓奉爲神明的背景下，藏著深深的恐懼情緒。

作祟的貓神

關於田代島貓神的由來，還存在著其他各種傳說。例如：某人家朝廚房外的貓丟石頭，貓縮腳逃走，但後來丟石頭的兒子只剩一隻腳。也有害怕「貓神降災」的島民，在島中央祭祀貓神的傳說（川島秀一〈漁村の世間話〉《昔話伝說研究》一五，一九八九年）。前述的《田代管見錄》稱這些民眾的傳承是「毫無置信之處」「可謂噴飯之笑話」「以今日之開明，豈可容此輩存在」，充滿知識人鄙視的態度。但是，島上卽使迎來明治以降文明開化的風潮，仍然難以消除對貓神的敬畏。另一個傳承說，一位到村落報到的新任教師批評祭祀貓神的習俗「野蠻」，村人聽信老師的話，怠慢貓神，但後來那位教師轉任網地島，貓神作祟，他天天爲貓妖所苦，最後回到故鄉死去。田代島上「有著無數的『貓傳說』，不妨說除非不是島民，沒有不被貓騙得團團轉的」（前述川島秀一〈漁村の世間話〉），對貓神的敬畏與對貓妖的畏懼有其共通之處。

在民眾奉爲貓神祭祀的貓中，似乎很多都是因爲畏懼不明原因被殺的貓會來作祟，才供奉祭祀。舉例來說，岡山富田町有個叫田五郎的人，他對著貓抱怨自己一貧如洗，並說如果你聽得懂我的話，就去叼個裝了黃金的錢包來。沒想到那一晚，一個裝了小判[4]錢包掉在屋裡。但是田五郎卻說，你把我發的牢騷當眞，根本沒聽懂我的眞意，便把貓殺了。於是，每天他殺貓的時刻，貓的冤魂就會出現，田五郎害怕陰魂作怪，於是在屋子一角立了個小祠，當成貓神祭拜（中山太郎〈ネコガミサマ〉《日本民俗學辞典》梧桐書院，一九一四年）。對貓的民俗瞭如指掌的永野忠一也提到，現在將貓神、貓宮之流視爲招福消災的信仰對象加以祭拜，最初大多是因爲害怕這類冤魂報仇才忌憚供奉的。

涅槃圖中出現的貓

如上所述，現代人與古代人在「貓神」的觀念上有著隔閡。同樣的，也許是現在與過去的感受方式不同，例如：就有出現上面畫著貓的涅槃圖。涅槃圖是指釋迦的涅槃——也就是表現入滅（死亡情景）的圖像，釋迦在雙樹下的寶座，以北爲枕，右脇在下呈橫臥的姿態，祂的周圍除了菩薩、天部、弟子、大臣等之外，還有許多鳥獸悲泣的模樣。但這裡通常沒有畫貓。有人說原因是印度人討厭貓，另一種說法是印度當時沒有貓，衆說紛紜，但是，日本幾所寺院裡收藏的涅槃圖上面都有貓。

這種涅槃圖便是愛貓人關注之處，還有很多貓痴到各地巡迴參觀。但是很多人並不清楚，爲什麼會在涅槃圖裡畫貓。有看過該所寺廟的僧人或畫師愛貓的例子，不過也有愛貓人看了皺眉的

4 譯注：一兩金幣。

利用方式。例如：社會運動家兼古代史家渡部義通曾寫過兒時的回憶故事。渡部家附近的寺廟中，也在釋迦入寂的掛軸中畫了黑白斑紋貓。但是寺裡的和尚每當涅槃會，或盂蘭盆節三日中間的那天，會展示這幅畫，然後用長長的竹條戳著貓的部分說：「都是這隻臭貓，追著去取藥的老鼠到處跑，結果送藥不及，釋迦佛才因而與世長辭。因爲幹了這種壞事，所以同伴們都不理這隻貓。」每年都用同樣的口氣說明（渡部義通《猫との対話》文藝春秋，一九六八年）。

在佛教的世界中，貓的評價也相當糟糕。當然，個別愛貓的僧侶人數很多，所以並不是所有佛教徒都討厭貓。但是，研究中世文學的田中貴子認爲，就她看過的佛典中，幾乎完全沒有將貓視爲「可愛、值得疼惜的動物」（田中貴子《鈴の音が聞こえる》淡交社，二〇〇一年）。這樣的說明十分符合佛教的教義，而貓的涅槃圖也未必用於愛貓人滿意的用法上。

貓的慘澹形象

說到江戶人對貓的印象，最先想到的就是貓妖、怪貓。貓妖的觀念從平安末期卽已存在，自鎌倉時代還有「貓又」的傳承，它是一種具有妖力的貓怪物，淵源悠久。話雖如此，除了貓之外，「變身動物」還有很多，貓未必站在代表性的立場。但是，到了江戶時代後，貓漸漸奠定了

「變身動物」的代表地位。尤其是鶴屋南北在《獨道中五十三驛》中創作「岡崎的妖貓」紅極一時，此後許多歌舞伎、草雙紙中也描繪了有馬、佐賀的妖貓騷動，於是人們一說到貓，便賦予了妖貓、怪貓的印象。

而且，妖貓、怪貓並不只存在於故事中，這是因爲江戶時代文人記述的見聞錄——具體來說有《類聚名物考》《續耳談》《月令廣義》《想山著聞集》《兎園小說》《新著聞集》《耳囊》《反古風呂敷》《近世拾遺物語》和其他各種數量繁多的說話集、類書（百科事典）、見聞錄等，出現了妖貓、怪貓的見聞。由於江戶時代的人們曾經逮獲妖貓，所以不只是存在於故事中，在現實中也出現過。

不只是日本，世界各地都看得到給貓掛上恐怖的標籤。貓向來我行我素，有時對人類非常撒嬌，有時追求自己的樂趣，把人類拋在腦後。有時用無辜的大眼看著人類，但有時瞳孔縮小成一直線，目光狡猾。而且在晚間黑影中，貓發出危險的目光殺害老鼠的方法實爲殘酷，牠會先玩弄老鼠再予以殺之。看過現場的人大多感覺貓是雙重性格的生物。這點便爲妖貓、怪貓的傳承賦予眞實性。

此外，事實上江戶的巷弄裡，四處可見貓的屍骸橫陳。「府下卽使一流街町，小巷內垃圾堆積成山，也有不少貓和老鼠的屍體，夏季時臭氣充天……至入秋時，夜裡甚至飄出燐火」（鹿島萬兵衛《江戸の夕栄》中公文庫，一九七七年）。貓的死屍充斥街頭，到了夜晚甚至會飄出燐火，這種環境也間接形成了貓的恐怖形象。

成為藝伎的貓

另外從江戶到明治初期，「貓」這個詞還給人另一個印象，那就是藝伎。尤其是明治初期在報章雜誌中出現的「貓」報導，其中有一半以上都是指藝伎（尤其是私娼的藝伎）。詞源多是因爲三味線的琴身是用貓皮繃製。但是原因不僅於此，筆者認爲貓的女性形象也有很大的關係。

早在江戶前期的《百物語評判》中，即認爲貓雖然有時親人愛撒嬌，但有時叫也叫不來，而且即使在貓脖子上繫了繩子，牠也必定反抗。「具妒疑心，似女性」（近代日本文學大系第十三卷《怪異小說集》國民圖書，一九二七年）。此外，江戶後期的散文《屠龍工隨筆》中也提到「貓，體內含毒受寵之，似婦人」，負面比喻爲女性（《続日本隨筆大成》九，吉川弘文館，一九八〇年）。此外，早春貓發情的神態，也連帶影響貓性事淫靡的形象。很可能因此衍生出指稱藝伎的用法。此外，「貓」與「寢子」同音，有與男性陪睡的意思，也是這用法普及的主因。

明治初期的媒體中，以貞貓為題材，雙關影射藝伎的報導非常多。一八七六年（明治九年）九月十八日《讀賣新聞》刊出的新聞，報導政府將對飼養動物課稅的傳聞，導致接二連三出現棄養貓兒的狀況。末尾寫道「若是三圓的貓，倒是不乏翹著鬍鬚撿起來養的人」。「鬍鬚」是象徵當時官僚的詞彙（因此人們也把官員稱為「鯰魚」）。此文諷刺長著鬍鬚的官吏爭相買貓（藝伎）的情況。

故而，有人投書對這種將藝伎比喻為「貓」的說法表示疑問，因為將人類視為畜生豈不奇怪（《讀賣》一八七七年十一月八日）。在文明開化的風潮中，從這種意見看得到人權意識的升高。但是，後來自稱柳橋的藝伎也針對這個意見投書反駁，認為「將藝者當成貓果然比喻得好」。她提到藝伎的態度會視恩客好壞而改變，如同貓眼骨碌碌的轉動，心中冷徹如同貓鼻，見到恩客時撒嬌求取錢兩，與貓發出呼嚕聲乞求食物並無二致。貓兒抓住老鼠不放的做法，也和藝伎拉住「鼠西裝大人」（官員等身分高的紳士）不掏錢不准走都有共通點。我們就是這種女子，被喻為貓也是理所當然。投稿者實際上可能是個輕鄙藝伎的普通人吧。由此可知，藝伎（即貓）有著人前人後精打細算的動物形象。話說回來，當時一般人的思想中，動物（即畜生）是比人類差了一大截的生物，所以「不應將藝伎稱為貓」的意見本身，根據的是不應將人與畜生等同視之的論據。

人與動物之間有著井然的上下關係，在這個時期，若是有人說「你眞像貓啊」，絕對不是現代人感覺到讚美的意涵——「像貓一樣可愛」。

假名垣魯文

將貓比喻藝伎的意義下，就必須提一下假名垣魯文。魯文是戲作家，[5]以描述文明開化風俗的《安愚樂鍋》等作品聞名。他在一八七五年（明治八年）創立《假名讀新聞》，連載題爲〈貓貓奇聞〉的報導，漫談「貓」（卽藝伎）的小道消息，大肆的攻擊「貓」。近世到近代中最常寫「貓」來影射藝伎的作家，恐怕非假名垣魯文莫屬了。另一方面，他自己也用「貓貓道人」的筆名，對眞貓寵愛有加。

魯文的文章裡，提到自己深受貓兒變化多端、多彩多姿的動作所吸引，留下了足以證明他愛貓的證詞，但是魯文同時又寫到「恨其質之淫穢」，所以並未飼養（伊東專三〈造猫の玩弄物〉《魯文珍報》九，一八七七年）。幕末時期魯文似乎養過貓，不過現在這段時期他已不再飼養，相反的開始收集與貓相關的物品。當時愛貓人共通的特點是，都像魯文一樣喜愛貓兒的動態，和千變萬化的幽默形象。此外，從歌川國芳畫中貓兒千嬌百媚的神情，可以推測國芳也和魯文一樣，對貓動作的變化感到有趣吧。

另外，魯文將自己出版的雜誌《魯文珍報》第九號和十號，分別提爲「百貓畫譜」上冊與下冊，結合成貓的特集。雖說講的是貓，但其中有一半描寫的都是藝伎。雖然並不是純粹的貓特集，但有部分的插畫和正文與眞正的貓有關，從這層意義上，這兩本書可以算是日本雜誌界最早的「貓特集」吧。這兩冊特集的名稱來自於歌川廣重描繪貓的衆生百態、出版成插畫的〈百貓畫譜〉，不過從魯文如此珍愛，進而將這些畫編成特集就可以知道，它畫出了貓變化多端的神態。

珍貓百覽會

如前所述，魯文不養貓之後，取而代之是收集貓玩意兒。據說人們知道魯文此等癖好，只要發現畫了貓或模擬貓的物品，就會買來送給魯文。於是魯文在一八七八年（明治十一年）七月二十一、二十二日兩天，於兩國中村樓舉行「珍貓百覽會」，展覽收集來的大量貓玩意兒，稱得上日本最早的貓展覽會，展出多件書畫骨董等與貓有關的物品。據說當日還演出三遊亭圓朝的新作

5 編注：戲作爲江戶後期通俗小說的總稱。

《貓的草紙》《善八之貓的聲色》《藝者之貓的身段舞蹈》等餘興節目，不過並沒有展示眞貓。

由於平時《假名讀新聞》都在攻擊貓（藝伎），爲了贖罪，這次展覽會還以集資興建貓塚的名目舉行。此外，魯文表示自己之所以抨擊藝伎，是因爲她們賣弄風情，敗壞風俗。相對的，眞正的貓兒天眞無邪，對人類無害，是一種値得疼愛的動物。但是，眞貓並不稀罕，既然要展示，收集貓的骨董較有趣味（〈珍猫百覧會の前報告〉《魯文珍報》十六，一八七八年）。展示的貓玩意兒不只有魯文的收藏，他還刊登新聞廣告，四處募集。最後，收集到六百件以上的展示品，展覽會盛況空前。

會場裡不只展示了貓，還有鯰魚的展品，這是因爲《假名讀新聞》平常就用鯰魚比喻留著翹鬍鬚的官員，批評他們流連藝伎之間。參觀展覽會的人們，恐怕也是受這方面的趣味所吸引，對貓的好感倒在其次。由於東京都內各報社的贊助，共有兩千八百多人來參觀，收益高達近兩千五百日圓。利用這筆收益，魯文在新富町建了新的草庵，稱爲「佛骨庵」。新屋的屋頂設置了一尊貓壓鯰魚的陶器，高三尺（約九十公分）。貓眼爲金，鬍鬚爲銀，鯰魚鬚爲銅，奢豪氣派，壁龕以木天蓼爲柱，牆面嵌入珍珠。原本募資目的的貓塚設於淺草公園地花宅邸，另外又在谷中天王寺院內立「貓貓道人紀念碑」，紀念珍貓百覽會的盛況。

現在這兩座碑都移至魯文的菩提寺——谷中永久寺裡內。而且谷中永久寺除了這些碑外，又建有魯文的「山貓夫婦塚」，是魯文後來飼養的雌雄山貓碑。這兩隻山貓是榎本武揚於欝陵島捕獲後送予魯文，飼養了一年就死亡，於是立碑供奉。本來不養貓的魯文，此時又再度養了貓（不過卻是山貓）。

《朧月貓草紙》中貓的魅力論

話題扯遠了，我想回頭談談當時愛貓人從貓身上感受到什麼樣的魅力。之前看到魯文是愛上貓的動作有趣和純眞無邪。不過，在山東京山執筆、歌川國芳畫插圖的《朧月貓草紙》裡則認爲，貓之所以得人寵愛，「是因爲天生乖巧純眞」（《朧月貓草紙》三篇上之卷，山本平吉，一八四五年），睡著的時候被小童吵醒，或是用紙袋蓋頭，牠也不生氣。女傭被罵之後拿老闆娘的貓出氣，貓也只是縮成一團，就因爲如此乖巧純眞才惹人喜愛。

也許有人並不認同貓的這種形象。這裡山東京山的記述很可能是與狗的凶猛對比之下所寫的。也就是說，在江戶時代，民衆住家附近常會有沒有明確飼主的狗在遊盪，被稱爲「町犬」或「村犬」，而且也有許多凶猛的野狗。這種狗大多會咬傷貓，在《朧月貓草紙》的敍述中，隱約可看到貓非常怕狗的樣子。大狗狂吠咬貓的情況之多，在今日幾乎難以想像。這種狀況中，貓的形象就在與狗的對比下形成，所以人們感覺貓溫馴、乖巧。日本人把人們假裝老實的姿態，用「裝貓」來形容。這個詞彙的語源，應該是源自於江戶時代這種貓的乖巧形象吧。

但是，如下一章所見，這種乖巧形象未必普遍，與狗來比較的話，雖然有前述的解釋，但是大多數人還是根深柢固的認爲，貓不像狗的忠義，是一種有心機、不坦率的動物。如此可知，江戶到明治之間貓的評價大略分成兩種。在歷史上與人類關係親近的動物中，沒有一種像貓這樣在人類心中有這麼明顯的好惡分別。

另外《朧月貓草紙》認爲女性尤愛貓，並舉出松尾芭蕉的弟子服部嵐雪之妻阿烈，把貓當成孩子般疼愛的例子。雖然有國芳和魯文等男性的愛貓者，不過在繪畫中，多畫著女性愛貓的圖像，一般來說，女性和小孩似乎較多愛貓人。但是，小孩子既愛貓，同時也虐貓。舉例來說，一八八〇年（明治十三年）的報紙報導了一則新聞，某家飼養的貓發情交尾時，被幾個小孩子撞見，「哎呀，臭貓在交尾，幾個小孩便向牠們丟石頭，或用竹杆去戳，追趕那兩隻喵喵大叫驚慌奔逃的貓。可憐的貓一時失足，在交尾的狀態下從屋頂跌到下面的井裡。飼主聞訊趕來，立刻將牠們救起，但兩貓早已溺死。飼主悲痛宛如喪子，看熱鬧的人湧來（成了肇事現場），將兩貓埋葬在音次郎家後面的田裡，不禁嘆道喵彌陀佛」（《讀賣》一八八〇年十一月九日）。

雖然這些只是恰巧成爲新聞報導的例子，但是按理說實際上沒有報導出來的孩童虐貓事件也相當多。從新聞的報導可看出成人對貓也多有暴力行爲，但是成人大多是要報復貓兒盜物或咬死飼養的雞，而小孩子虐貓大多只是爲了好玩。此外，在婦女方面，儘管愛貓者多，但是也因爲貓常常偷吃食材，而有很多極度討厭貓的婦女。這一點，我想在第三章時再詳述。

對貓的愛憎強度

一般來說，愛貓人會將疼愛的情感訴諸文字或繪畫，容易留下紀錄。但是討厭貓的人不會刻意記述討厭的事物，所以，很難留下討厭貓的記載。更不要提既不喜歡也不討厭、對貓漠不關心的人，幾乎不會留下紀錄。在這當中，如果只收集較多留下的愛貓紀錄，那麼很可能就會把江戶到明治時代的日本，描述成只愛貓的歷史。但是，這絕對稱不上誠實的歷史，因爲事實上，討厭貓的人、對貓漠不關心的人也很多。

愛貓的山東京山在他畫的《朧月貓草紙》裡，也出現過討厭貓的人物。主角「駒」的情人「阿虎」因爲想偷魚而被人丟石頭砸死。連喜歡貓的作家都在文章中描述貓被殺害的情節，可見人們殺貓是家常便飯。畢竟那個時代既沒有愛護動物的觀念，對暴力的思考方式也不同。江戶時代的小說或明治初期的報紙，散見宰殺小偷貓的報導，即使是養貓或愛貓的人，養法也隨性而爲，對貓動粗的人也相當多。江戶到明治時代之間，貓與人的關係多樣而層次多變，絕非一句話可以形容的。而這種好惡幅度之大，正是這時期人們看待貓的最大特徵。而且，相比之下，其中對貓印象差的人比較多，從江戶時代貓相關詞彙，如「貓糞」[6]「給貓柴魚片」[7]「貓被撫摸時的叫聲」[8]「給貓金幣」[9]「貓三年之恩三日就忘」等大多是負面意涵，就可一見分曉。

在這種氛圍中，貓是如何獲得今日這般萬千寵愛在一身的地位呢？這條道路並非康莊大道，而且充滿了苦難。下一章開始，我們就來看看貓兒遭受近代到現代的變化玩弄下，漸漸站穩地位的過程。

---

6 譯注：藉由貓大便後會用砂子蓋住，形容人做了壞事假裝若無其事。
7 譯注：猫に鰹節，形容引狼入室。
8 譯注：猫撫で声，形容諂媚聲。
9 譯注：猫に小判，意指對牛彈琴。

2

近代貓形象的誕生——貓如何成為「主角」

明治時代的作家們與貓

賴山陽的〈貓狗說〉

貓的形象經常是與狗對比中形成，不過過去的狗派與貓派爭論，比現在更有火藥味。古早有可憐的「翁丸」（《枕草子》）描述古代宮廷中受乳母唆使攻擊貓，反被狠狠毆打的有名故事，而明治時代的新聞中也可以查到有人同樣爲了保護貓，打狗驅趕，或是相反的有飼主養了凶惡的狗，唆使牠去攻擊貓的報導。

近年，出版了許多愛貓作家的相關特集書，所以也許很多人產生了作家愛貓多於愛狗的印象。大正年間之後的確出現了不少愛貓的作家，但是其實江戶到明治時代，散文的世界裡對貓的評價都很嚴苛，尤其是與狗比較的時候，貓可以說連戰連敗。

比較論的始祖，應是江戶時代作家，以《日本外史》聞名的賴山陽所寫的〈貓狗說〉。據說貓只要三天卽忘三年之恩，而狗卽使只餵三天，三年也不忘主，然而，世人爲何疏遠狗呢？那是因爲貓在容貌、聲色和性格上善於諂媚，爲人類所喜愛的關係。因此，貓可自由進出家中，吃魚或睡在被褥裡，狗卻必須在泥地上吃剩飯。賴山陽又說人類世界也一樣，有起用外貌姣好、善於諂媚之人的傾向，感嘆社會的不公平（木崎愛吉編《賴山陽全書　文集》賴山陽先生遺蹟顯彰會，一九三一年）。

如賴山陽所說，貓的確是與人類親近的動物。江戶時代描繪街道風景的浮世繪等繪畫中有狗時，絕大多數都是屋外的場景。相對的，貓經常是在美人畫中，抱在女子懷裡，或是屋內貼近人們的地方。江戶時代的狗有很多在街頭或村裡流浪，並不屬於特定的人家，稱爲「町犬」或「村犬」。相反的，貓兒卻是大大方方的走進家裡，隨興進屋偷東西吃。然而，忠義的狗兒被趕到屋外，一肚子壞水的貓只靠美貌就能登堂入室，甚至受寵到鑽入人類的被窩。賴山陽對這種狀況很不認同。

野田笛浦的〈貓說〉

但是，幾乎同一時期也出現另一篇關於貓的文章，與賴山陽看法迥異，那就是與賴山陽同時代的漢學家野田笛浦所寫的〈貓說〉。據說是野田養的貓大約一星期只抓一隻老鼠，受到朋友的責備，因而觸發他寫下這篇文章。野田於文中寫道，一般來說貓會抓老鼠，所以被視爲有用處，但抓老鼠這種事並不足以獎賞。不過他並非貶低貓，野田認爲正是因爲貓兒不把老鼠一掃而空，所以才值得尊敬。只抓一隻的話，便能嚇得老鼠不敢再出來。這樣就足夠了。如果所有的老鼠聯合起來對付一隻貓，貓肯定會輸的吧（另外，「窮鼠齧貓」的諺語說得不錯，明治時代老鼠咬死貓的報導時有所聞）。野田說，所以用殺一儆百的方式抵禦鼠害，才是貓的優秀之處。他進而評論，這道理也可套用在人類社會，也就是說一縣之令、一官之長若是施展威權，最後民衆也只將被迫打破沉默，起身反抗。正因爲如此，野田云：「若能確實以貓之心爲心者，得以之爲令爲長」（野田笛浦《海紅園小稿》野田鷹雄，一八八一年）。賴山陽用貓和狗比喻君主偏愛的臣子類型，相對的，野田則從執行民政的性質來比擬，讚揚貓的德性。

然而，賴山陽的文章對後世產生了重大影響，野田的這番見解卻無足輕重。原因可能出在很難想像貓會爲了殺一儆百，而克制殺老鼠的數量，不太有說服力。但是，我想最重要的原因，可能是從道德的觀點來描述貓德，這種說法並不能勝過狗。江戶時代，各地都流傳著貓向飼主報恩的「貓之報恩」民間故事。然而，光靠這一點想贏過狗恐怕是不可能的任務。這是因爲會報恩的貓充其量只是罕見的例外，只要判斷標準在於道德上，貓就不可能達到像狗那樣的忠義。況且當時妖貓、怪貓的形象極爲濃厚，一般來說都會把貓視爲沒有道德的生物。

阪谷朗廬的「貓宗」

當時價值觀裡有著根深柢固的儒教道德，作家或讀書人的這些文章都在不應脫離道德的強大規範下寫成，所以即使單獨以貓爲例證，大多也是將牠寫成惡棍。在這種氛圍中，幕末開港後，西洋人來到日本，攘夷論沸沸揚揚，衆人對西洋人突生戒心之後，也出現了將西洋人比喻爲貓，警告大家注意的言論。這人就是儒學家阪谷朗廬，明治年間隸屬於洋學者團體「明六社」，聞名一時。阪谷談到，西洋人信奉的基督教最早是追求後世之福，基於利欲而成立的宗教，根本在於利欲，所以只要牽涉到利益旋即態度不變，不講理、威逼霸道，然後蹂躪他國。這種行徑簡直是「貓宗」（貓的宗教）。如果基督教教義中的地獄眞的存在，那麼信奉貓宗的基督教徒死後下的一定也是貓地獄（日本近代思想大系一〇《学問と知識人》岩波書店，一九八八年）。

從一名飽讀詩書的知名儒學家，後來成爲明六社一員的人物，都對學生們如此教誨來看，不難想像幕末到明治維新期間，讀書人的世界中不斷翻版複製這類貓的形象。

明治時代的貓狗比較論

明治維新後，狀況也沒有馬上轉變，雖然發起對儒教的批判，文明開化的風氣熾盛，但是當務之急還是培養向天皇、國家盡忠的國民，以富國強兵爲目標，重視忠君愛國爲本的教育。因此，重視「忠」這個德目的觀念並未改變。

賴山陽的〈貓狗說〉多次被選入明治初期到中期的教科書，和青少年取向的模範文集等，給予少年們莫大的影響，正是展現了這種氛圍。而且，當時青少年主筆的模範作文集等，頻頻出現將賴山陽論述改頭換面之作。試舉數例，一八七九年（明治十二年）七月，稻垣茂郎編輯的《席上作文集》卷之一（稻垣茅郎出版）中選錄的篠宮正太郎〈狗貓之說〉，論道：「夫貓者其性狡猾，其面溫柔」「犬其性猛烈，其體粗笨，雖善守夜吠盜，然不如貓之易親」，人也一樣，容貌姣好，能言善道者較爲人所接受，剛毅木訥之人卻遭排斥。但是，自己愛犬，無法認同貓。

一八八八年五月《英華集》第二篇（韶陽會）選錄川本實恒的〈貓之說〉也論道：「貓之奸

自不待言」，但是即使如此，人們依然爲捕鼠而養貓，可是只不過是以奸討好之計。若只見其功，將受意外之害，警告人類社會也有相同的情況。

同年七月《英華集》第四篇（韶陽會）刊登的山陰二朗的〈狗貓之說〉也談到，貓抓老鼠並非爲了主人，只不過是滿足自己的口腹之欲，相對的，狗兒爲了向主人盡忠，不論吃多少苦頭也會忍耐。人類社會中也有人像貓一樣，表面上爲國家盡力，其實只是圖謀個人私利，切要小心注意。其他相似的文章不勝枚舉，但以上都被視爲優秀文章，而收錄在模範文集中。不僅顯示當時主流的價值觀，也影響了萬千少年。

由此可知，江戶到明治期間，貓一直遭受猛烈的批評。「自古以來，說到貓就是寡德之輩」「經常出入大樓玉殿之上，爲高貴人物抱於膝上。然而，論及其品性，不曾聽過有人爲貓說過好話，都異口同聲指其惡行。不論是狡猾不知分寸，還是壞心眼，總之在人們的品評之中，說到貓兒裝老實還是嬌聲諂媚，都表示極度厭惡。其他俗語還有妖貓、貓作亂等，全都令人毛骨聳然」（〈貓德〉《少年世界》一一十九，一八九五年），這是明治中期以前一般人對貓的印象。在當時以忠君愛國爲準，培育爲天皇、國家盡忠的國民爲當務之急的時期，用道德論述來品評時，貓對上狗是沒有勝算的。

狗比貓受寵

倒是許多貓狗比較論中，都批評重視外表的貓比忠義的狗更受人們疼愛，不過這是在鋪陳文章脈絡時，會去誇大了部分人士對貓的溺愛，但是整體來說，江戶時代以來，狗的人氣遠比貓更高。一八八五年（明治十八年）出版的兒童讀本《涵德卽席故事》（涵徳卽席ばなし）說「犬受人鐘愛，遠厚於貓」，尤其是孩子們「甚愛犬，對貓則不然。」犬侍主不忘人恩，反之貓偸而食之，「遭受打罵卻也毫無自省之心」，因此兩者人氣之差顯而易見（藤井曹太郎述《涵德卽席故事》備福活版社，一八八五年）。

有新聞報導擔任明治政府參議、外務卿的副島種臣「性格剛直，對人尤其嫌惡柔佞如貓者，見到眞貓，更是卽刻揮拳毆之，再三提醒女傭嚴加注意，不可讓貓入宅……眞箇是趣聞一件」（〈好きと嫌ひ〉《讀賣》一九〇三年十月十九日）。此君不但討厭身段柔軟、諂媚如貓的人，連看了眞貓也出手毆打。而且這篇報導不但沒有批評他，還覺得有趣。在愛護動物觀念不存在的時代，從這則寫得煞有介事的報導，就可知道人們厭惡、迫害貓的案例之多。

當時的人隨意毆打貓的程度，今日的我們恐怕難以想像。就算是自己養的貓也不例外，動輒被飼主或家僕修理，或是把牠們的鼻頭拿去蹭牆壁、摔到木地板上。卽使是愛貓聞名的南方熊楠，見到自家的貓帶傷回來，竟嫌髒而把牠踢出去，或是下毒餌毒死偷雞的野貓（南方熊楠等《熊楠と猫》共和國，二〇一八年）。這種行爲不只見於南方熊楠，廣泛在當時養貓人身上都看得到。當時的人卽使愛貓，也極少有人像今日一般，將貓當成家族一員疼愛。搬家時隨意拋棄也是常有的事。如果別人來抗議貓偷了他家的東西，卽使是寵愛的貓也會毆打、殺害。

愛貓少年的反駁

不過從當時少年的投稿雜誌發現，也有一群少年不同意上述貓的惡德形象。日本第一本少年投稿雜誌《穎才新誌》六六七號（一八九〇年）登出的松岡均平〈畜貓說〉（用漢文寫成），描寫自己家裡的貓「多摩」如何玩毛氈或揚揚得意抓老鼠的可愛模樣，接著評論世人往往將貓比喻爲「奸佞之臣諂諛之徒」，但如果貓會說話的話，肯定會鳴冤叫屈。貓其實是可愛的動物。

但是批評貓的人認定貓抓老鼠是爲了「私利」，不値得讚許。因此，這篇文章並沒有正面反駁這個論點。話雖如此，文中描寫貓可愛的模樣，尤其是得意展示抓到的老鼠等動作，松岡小弟想表達的是貓並非狡猾之輩，展現其天眞爛漫、沒有心機的模樣吧。在他心中肯定是覺得，不關忠義與否，只因爲可愛而讚賞貓有什麼錯？從少年試圖以文章表現這種眞誠的情感，也可以領略到文學正慢慢從道德觀中解放、向前邁進。另外值得一提的是，這位松岡小弟是司法官松岡康毅的長子，後來更成爲東京帝國大學教授和貴族院議員的人中俊傑。

此外，《穎才新誌》一〇五五號（一八九八年）刊出海老原三郎平的〈哀憐貓之死〉（猫の死を憐む），因爲他從拳頭大就開始飼養的貓亡故，故撰文哀悼。這篇文章非常有名，原文引用如下：

丁酉（一八九七年）霜降前五日（十月十八日），愛貓於金風（秋風）蕭颯（淒涼蕭瑟的樣子），晨旭庭上草露消散時俄然死去。嗚呼，哀哉。余自貓兒拳大時養之，茲數年，其性敏靈，善親人、好嬉戲、花開之晨蹲於膝上，降雪之暮眠於懷中，稍長善驅鼠、不苟盜食，時而鳴之憑足，時而搓頭求食，予之，歡喜喉鳴，其捕鼠也，必叼至我展書桌邊，且弄之且食之，如誇其狀之，聞我賞辭（讚賞）即得得然（得意的表情）。而今逝也，將之葬於北丘草繁落葉染紅之旁，時而斜陽影薄、蟲聲唧唧，於此賜一碗水、一抹香，汝可安眠之。

除了文體的風格，他描寫貓兒撒嬌、開心的動作，抓到獵物時得意的表情等，令讀者彷彿如在眼前，而且對貓死去的神態並未寫得過度傷感，也避免過多的裝飾，反而飄蕩著淡淡的哀愁，是一篇精彩的好文。這裡也可以看到文學從道德觀的框架中解放，因而貓也脫離惡德形象束縛的現象。可以說從這些不受道德觀拘束，自由描寫貓的作家出現，貓形象的「近代化」才開始準備萌芽。

二葉亭四迷對貓的愛

同一時期，著名的文學家中也有了深愛貓兒，而且拒絕將人類各種價值觀投射在貓兒身上的人物。他就是二葉亭四迷，近代小說先驅《浮雲》的作者。二葉亭的貓本是在外面迷路來到他家的白母貓。這隻貓又圓又胖，毛色和長相都不太好看，來客問他，這種貓到底哪裡好，他說：「不應該從人類的標準來看貓容貌的好壞」「就像自己的女兒雖然醜，父母的愛依然不變……說狗與貓容貌好壞而喜歡或討厭的人，其實很可恥。」他還經常雙手緊緊抱住發出呼嚕聲的貓，摩擦牠的臉頰說：「就算沒有人讚賞你，仍是我最寶貝、可愛的女兒。」

而且，其實這隻貓的貓緣很好，只要一到發情期，就會有很多貓聞香而來。雖然說到自己的貓時，二葉亭認爲不能用人類的眼光來決定美醜，但是他卻嫌酒鋪的貓習慣很差、桶店的貓長相醜、乾貨店的貓毛色不美等，多般挑剔，擔心愛貓會遇人不淑。但是後來，最後的勝利者是隻強壯可憎的野貓，所以二葉亭不禁感嘆，貓的愛情並不是精神戀愛。

即使如此，當貓懷了野貓的孩子後，他卻大費周章，在竹箱蓋上鋪了破布當作產褥，幫牠按摩腹部，通宵達旦的照顧，一臉滿足的說：「昨晚當了接生公，竟然一夜沒睡。」產後那段時間，逢人便津津樂道當接生公的辛苦，彷彿誕生的是他的孫子。後來，尋找貓崽的認養家庭時，更是四處奔走，拜託私家偵探調查對方的家世。貓的晚年，他更是把屎把尿照顧失禁的老貓。

在家中，貓的地位僅次於二葉亭，據說孩子們不敢碰貓，顧忌的說：「那是爸爸的喵女兒。」由於身分尊貴，貓也變得目中無人，連客人吃的食物都肆無忌憚的搶過來吃，獨占一整盤生魚片，吃到盤底朝天。這樣還不滿足，連主人筷子夾的魚都要搶，二葉亭見魚被搶走，反而瞇起眼睛，笑呵呵的說：「這孩子動作真敏捷！」

然而，即使這般呵護疼愛，這隻貓卻沒有名字。家人們為了方便叫牠「小白」，但是二葉亭說：「為貓取名乃是人類的繁文縟節，貓根本不喜歡人用名字叫牠。」不過，他從未向別人討貓，說道：「貓兒被棄養、走失來到我家才養的，但飼養狗、貓其實苦多於樂，絕對不會特地向人求貓來養。」當時即使是養貓的人，大多也是將貓當成低賤的畜生，二葉亭這種態度在當時養貓人中非常稀有，我認爲，如果二葉亭有寫貓題材的小說，一定會與別人大相徑庭。但是既然二葉亭不願用人類的價值觀判斷貓，盡可能用貓的立場來思考事物，他也許不允許自己用人類的眼光來描寫貓（以上出自內田魯庵《きのふけふ》博文館，一九一六年，及同作者《獏の舌》春秋社，一九二五年）。

戶川殘花的《貓之話》

另外，二葉亭創作《浮雲》的時候，兒童文學的世界也開始革新描寫貓的方式，便是戶川殘花的《貓之話》，首次發表於一八八九年（明治二十二年）發行的日本第一本兒童文學雜誌《撫子》第一號，後來單獨出版。這篇作品是懂貓語的作者，自稱以翻譯貓對話的方式，用交談的口吻寫成。

近世以貓爲主角的讀物，擬人化的程度很高，儘管主角是貓，但大多上演人類似的打鬥戲碼，或者代入賞善罰惡的故事。從這層意義上，與其說寫的是貓，不如說藉貓來描寫人類世界的元素更強。而且，當時由於貓帶有強烈的妖貓、怪貓形象，所以故事中出場的貓大多會運用神奇的力量，找人類的麻煩。到了這個地步，牠已經完全是妖怪，而失去了現實中貓兒的眞實性。但是，這篇貓的童話，並非近世擬人化貓的打鬥，也沒有太多賞善罰惡的故事或教訓，而是假藉貓之間的日常對話，是個溫暖可愛的故事。

「今天來教大家聞味道的方法。貓崽們，大家把頭抬高，盡可能張大鼻孔，像奶奶這樣吸、吸、吸吸吸吸。不對、不對，再來一次。吸、吸、吸、吸、吸。很好很好。」

「跟奶奶學習聞味道有什麼用處呢？」

「學了聞味道，明天肚子餓時就能聞到魚放在哪裡了。」

「就像小偷貓那樣嗎？」

「孩子們，不只這樣。學會之後，可以分辨貓喜歡和討厭的食物，還能分辨真正的爸爸媽媽、哥哥姊姊、表哥表弟。」

既然採對話形式，這個故事自然少不了貓的擬人化。加入了貓奶奶教小貓、貓說英語等超越貓範疇的擬人。但是，它沒有江戶時代貓故事那種打鬥情節，內容最多只是強調貓的可愛本質。戶川是基督徒，很可能受到西洋貓童話的啓發，創作了這個故事。不過，我想很多孩子對這種描寫貓的可愛方式，感覺十分新鮮，並且大受吸引吧。

夏目漱石的《我是貓》

在這種脫離近世賞善罰惡和過度擬人化，自成一格的潮流中，誕生了夏目漱石的名作《我是貓》（大藏書店、服部書店，一九〇五－〇七年。以下簡稱爲《貓》）。從它採取貓第一人稱述說這種形式的意義上，這篇作品也難免採取擬人化。但是，沒有這種程度的擬人化，幾乎不可能以貓爲主角來寫小說，因而可以說是必要最低限度的擬人化。除去思考如何寫文章這一點外，他忠實的描寫貓這個個體，並沒有搬演人類的打鬥情節，更沒有附予妖貓、怪貓的形象，於是貓單純以貓的身分當上主角的時代來臨了。在此之前，雖然並非沒有純粹寫貓的作品，可是夏目漱石《貓》的暢銷，不但在後來轉變成話劇等各種形式的媒體，甚至衍生出許多戲仿作品，帶給世人深遠的影響。從這層意義上，「純粹寫貓」的小說之所以後來廣受歡迎，《貓》這部作品具有劃時代的意義，可以稱得上文學「貓近代」誕生的里程碑。

隨後，單純描繪貓的作品，不只是故事裡，也出現在貓畫的世界裡。下一節將說明這種現象。

繪畫中「貓近代」的形成

國芳貓畫的特色

江戶時代的浮世繪中，貓經常在美女圖中出現，但是在畫中，貓終究是美女的陪襯，也就是說牠只是個配角。在貓作爲陪襯的貓畫中，當然也會勾勒出貓的可愛。尤其是牠關注的事物與主角人物的行爲毫無相干，營造出透著滑稽的可愛。從這層意義來說，貓之所以可愛乃因爲牠是配角。

所以，在讓貓以主角出場的意義上，歌川國芳的貢獻不可謂不大。但是，若我們觀察歌川國芳畫貓的方法，可以發現貓雖然是主角，但是大多是擬人化的貓。像是用貓臉畫出歌舞伎名伶的肖像畫，或是行爲宛如人類的貓，每張畫都是把貓比擬成人（或是變形的妖怪）。也就是說，他看起來在畫貓，但其實大多數畫的是人。

當然，國芳也有只畫貓的作品，例如：著名的〈貓飼好五十三疋〉和〈貓的借字〉（猫の当て字，圖6）就是這種畫。但是，如上一章提過的，這些畫的主題並不是貓，而是運用貓表現趣味創意之處。人們也是因爲這些作品的匠心獨運而讚賞叫好。這一點也影響到表現貓兒可愛的差異。這一點後面再談。

除了國芳之外，第一代歌川廣重的〈名所江戶百景　淺草田圃酉之町詣〉（圖7）也經常被列舉爲江戶時代的貓畫，他的畫又如何呢？這幅畫乍一看好像主題是貓，但是從丟在地上的熊爪型髮簪等處，當時的人一看就知道背景是吉原的遊女屋。[1]總而言之，貓眺望屋外的身影與遊女的哀愁合而爲一，藉由貓來象徵遊女正是這幅畫的意圖。正因爲畫的不只是貓，而是讓觀者感受到人世的悲哀，所以這幅畫直到今日，依然得到名畫的評價。從這層意義上，這幅畫雖然好像畫的是貓，其實主旨卻是世間百態。

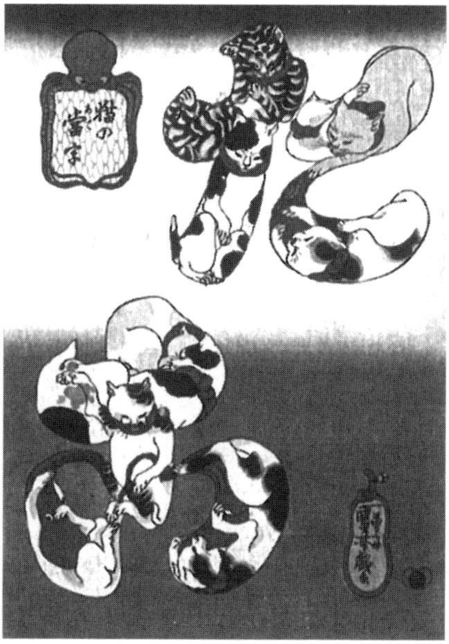

圖6　歌川國芳〈貓的借字〉

圖7　第一代歌川廣重〈名所江戶百景　淺草田圃酉之町詣〉（安政4年〔1857〕）

江戶時代貓的「可愛」之處在哪裡？

而江戶時代的貓畫上表現「可愛」的方法，也與後世有所差異。現代人傾向將國芳爲代表的江戶時代的貓浮世繪，評價爲「可愛」貓畫的先驅。國芳畫的貓的確在現代人眼中一定也會覺得「可愛」吧。但是，筆者認爲這種「可愛」的核心，與明治末期以後獲得普遍歡迎的可愛感，有些不同的情趣。總而言之，國芳在當時博得人氣的許多貓畫裡表現出的「可愛」，是帶著某種滑稽或邪氣的可愛，沒辦法直接連結到近代以後常見的那種平靜天真的可愛。這一點與前述國芳利用貓想畫的主題，並不是貓本身的魅力，而是用貓來展現的逗趣和滑稽有關。

其實，即使是在江戶時代，也有像原在正這幅〈睡貓圖〉（圖8）一樣，接近近代的「可愛感」，沒有任何滑稽成分，展現靜態穩重、天真無邪「可愛感」的貓畫，只是數量很少。不過，這些作品在江戶到明治初期的貓畫中都屬於例外。另外，這幅〈睡貓圖〉與圓山應擧的〈睡貓圖〉畫法完全相同，很可能是描摹中國畫的作品。然而在日本一脈相承的浮世繪中，大多是有動作、充滿滑稽感的貓，或是表現出亦邪亦萌的貓。

1 譯注：妓院。

附帶一提，上一章提到歌川廣重的〈百貓畫譜〉，不論是擬人化或陪襯，它的主題都並非著重在滑稽，而是貓的動作本身。不過它並非創作作品，而是習畫範本，所以才會進行實物臨摹。反言之，這只是畫貓的自然生態，貓畫很難受到大眾歡迎。不只是貓畫，江戶時代的繪畫不是對過去作品的致敬，就是玩一些諧音梗或風趣等創意的部分。如果就貓畫來說，當時客層少有在畫中追求貓兒本身的可愛，大多數人主要是衝著滑稽或趣味感才買。

江戶時代的貓為何偏瘦？

其他還可以指出幾點江戶時代貓畫的特徵，例如：江戶時代對貓體型，有瘦骨嶙峋和

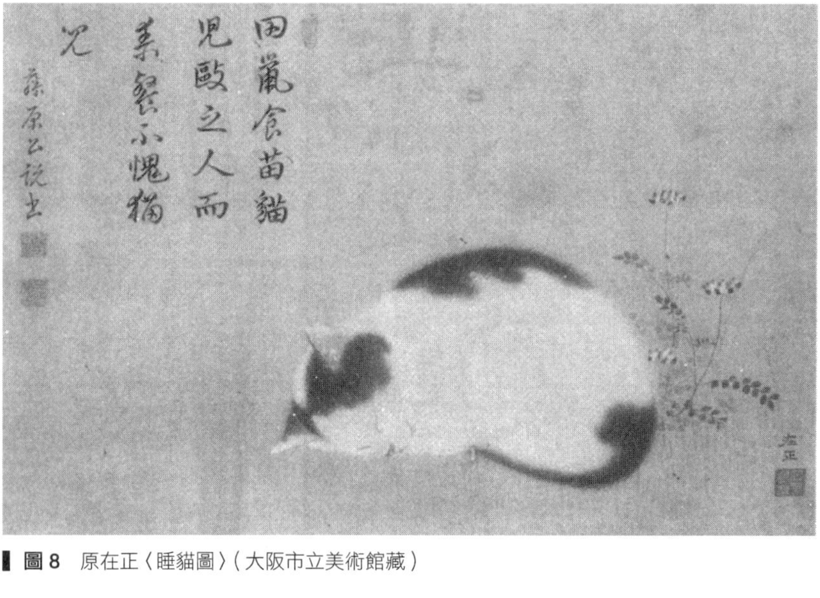

圖 8　原在正〈睡貓圖〉（大阪市立美術館藏）

圖 9　葛飾北齋畫的狗與貓（《三體圖譜》）

圓滾滾兩種畫法。但是對比近代以後大多把貓畫得圓胖，江戶時代，特別是浮世繪中的貓，多是偏瘦的體型。若說這是反映當時的貓都很瘦嗎？其實並非如此。我認爲主要原因之一是體型瘦的貓比較適合展現貓的滑稽、逗趣「動作」。國芳筆下的貓多爲骨瘦如柴的同時，動態構圖也多。至於前述廣重的〈淺草田圃酉之町詣〉，裡面的貓雖然圓胖，但是沒有動態的構圖。實際上，貓只要縮腿蹲踞（像廣重畫中彎起前腳，如同裝飾品的坐姿）就會看起來圓胖蓬鬆。

此外，我們也可看出貓與狗的表情畫法各不相同。例如：葛飾北齋在習畫範本《三體畫譜》（圖9）中畫的狗，即使是動態的構圖，體形也畫得圓胖，而且是表情乖巧可愛的畫法。另一方面，畫在旁邊的貓卻是清瘦，看得出身體曲線的畫法。圖9的畫也是同時代貓畫中，可歸入畫法較爲乖巧的類型。《北齋漫畫》（圖10）中畫的貓（也有貓叼著老鼠的場景）更爲驚悚。此外，圓山應舉畫的貓，如〈貓見鼠之圖兩欲執之圖〉或〈菜花遊貓圖〉（但是也有人說並非圓山應學所畫）中貓的表情，就把目光畫得十分銳利。同為應學所畫的〈群獸圖屏風〉（圖11），一張畫中畫了各種動物，狗的部分，不只是小狗，母狗也睜著骨碌碌的圓眼，顯得十分溫馴。但相反的，貓卻刻意畫出不同於狗的表情。這種明確的畫法分別，反映出葛飾北齋、圓山應學，甚至可以說當時社會上多數人對狗和貓的印象。

就表情而言，從江戶到明治時代的貓畫，大多是將貓眼畫得瞳孔細長（或者是圓而小），在現代的貓畫中絕不會這麼畫。另外，在浮世繪等因為畫作大小導致瞳孔沒辦法畫得很清楚時，眼睛本身大多畫成丹鳳眼。從狗、兔等其他動物大多被畫成瞳孔渾圓的模樣，可知當時的人認為貓的特徵就是瞳孔尖細。現實中的貓並非

▌圖10　葛飾北齋畫的貓（《北齋漫畫》）

總是瞳孔細長，尤其是最近的貓畫，爲了畫得可愛，幾乎不會把瞳孔畫細，毋寧說一般都是把瞳孔畫得又大又圓。但是，當時大多的貓畫裡多是帶著邪氣、有時還有些恐怖的細長瞳孔。把話題拉回到國芳貓畫的「可愛感」，如果把國芳畫的貓以「可愛」來稱之，這種「可愛」的種類，也與圓山應舉畫狗的「可愛」有明顯的差別。

這種特色與國芳的貓畫之所以暢銷，未必是因爲「貓」本身受歡迎的狀況有關係。反言之，圓山應舉和葛飾北齋畫的狗大多沒有添加任何逗趣巧思，只是原原本本畫出狗可愛的表

▌圖 11　圓山應舉畫的貓和狗（〈群獸圖屏風〉宮內廳三之太尚藏館藏）

情，表示有一定比例的客層偏愛狗的可愛，反之，貓並沒有這種受眾層。相對於貓常被套上妖貓或心機深沉、狡猾生物的印象，狗卻沒有相當於妖貓，也沒有狡詐的形象。畫師們在畫貓時會在主題中點出透著邪氣、有著動態的可愛感，就是反映這種貓的形象。

以愛貓作家聞名的大佛次郎，後來舉了幾幅畫，來說明江戶時代的日本人「對貓沒有審美眼光」，他說：「日光的〈睡貓〉是惡形惡狀的小貓，而浮世繪的歌麿、春信等畫了俯在美人裙邊的貓，長相體形也很拙劣，臉蛋醜怪宛如妖貓。對女人體態之美如此精雕細琢的畫工們，卻忽略貓的可愛和美感，總是畫不好。這分明在說不太喜歡貓」（大佛次郎〈客間の虎〉《猫のいる日々》德間文庫，二〇一四年）。這一點也可以說反映出以上說明的畫貓方法，和後世愛貓人感覺的差別。我想，前述貓兒多被當成「陪襯」或「擬人化」的做法，與這種狀況也有深厚關係。簡言之，如果畫貓不帶滑稽感、擬人化，或是以美人陪襯的姿態賦予「附加價值」的話，很難爲許多人所接受。國芳藉著揉合這種邪氣和滑稽感，成功在畫中賦予獨特的附加價值，因此能讓多幅作品大受歡迎。

▌**圖 12**　歌川國芳〈見立東海道五拾三次　岡部　貓石的由來〉（為部分構圖，東京都江戶東京博物館藏）

「貓玩具畫」大風行

到了江戶後期，這些尋求邪氣和滑稽附加價值的貓畫，後來怎麼樣了呢？在解說明治時代貓畫時，就必須提到「貓的玩具畫」，它是從歌川國芳等貓浮世繪延伸發展而成的。所謂的「玩具畫」是千代紙[2]風格、像圖鑑一般的圖畫，在江戶後期到近代大量製作、出版。這種玩具畫可以剪貼成立體，供孩子玩耍和欣賞，有各種各樣的題材，尤其是明治時代之後，出現了很多以貓爲主題的玩具畫。

明治時代畫有貓的玩具畫，雖然有不少是國芳弟子相關者的作品，但是非國芳弟子和無名的、可能是年輕畫師製作的作品也很多。從這層意義上，貓玩具畫肯定已經是熱門題材之一。在這類玩具畫出現的貓，幾乎全是擬人畫，賣點並非貓本身的魅力，而是用擬人化來描繪社會風俗的趣味。在這個意義上並未超越國芳畫作的範疇。但是，與國芳的時代有一個很大的相異之處，明治期間的玩具畫中，幾乎沒有採用妖貓、怪貓的畫法。

如果要推測原因的話，應該是玩具畫含有教育兒童的目的，在明治時代新教育普及之中，玩具畫這種透過繪畫邊玩邊學社會架構的教具成爲主流，搭上了文明開化時代的潮流，也因此特別暢銷。而到了文明開化的時代，妖怪、幽靈等非理性的東西成了否定的對象，如落語家三遊亭圓朝所說：「近來怪談故事大大的衰微了。說書館裡門可羅雀。人說幽靈那玩意兒根本不存在，全都成了神經病，所以怪談也就成了開化大人們嫌棄的題材了」（三遊亭圓朝口述《眞景累ケ淵》井上勝五郎，一八八八年）。從文明開化的立場來看，就是將怪談定位在非合理、毫無根據的故事。假名垣魯文發行的雜誌《魯文珍報》裡，可找到將恐懼妖貓當成「未開化的古老傳說，現在是文明開化進步的社會」（中坂まとき〈奇々貓論〉《魯文珍報》十六，一八七八年）的文章。面對眞心相信妖貓存在、甚至有人因而避忌養貓的狀況，開始翻新爲如今這種貓形象。

當然，事實上妖貓、怪貓類的怪談在娛樂方面還是根深柢固，所以直到高度成長期（一九五五年到一九七三年），以妖貓、怪貓爲題材的電影、小說和漫畫還是層出不窮。但是，即使流傳下來成爲娛樂之一，相信它眞實存在的人漸漸在減少。讀書人寫的見聞錄、散文中，妖貓故事或傳說的紀錄在明治時代以後已消聲匿跡。這是妖貓、怪貓形象在江戶與明治時代最大的差異。而且，面向兒童的教育類型出版品中，排除這種非合理性元素的動作最爲顯著，因而誕生了對貓兒有著新印象的世代。

---

2 譯注：折紙用的花樣色紙。

明治時代以後貓畫的變化

上述狀況之外，西洋畫的技法、構圖影響與日俱增，也觸及到貓形象的形成。也就是說，與過去迥異的畫貓方法陸續出現。首先，明顯的變化就是進入明治時代，體型肥胖的貓增加了。另外，帶有邪氣的可愛感也漸漸轉變成天眞無邪。同時，貓畫不再以奇特出衆或滑稽爲賣點，轉變爲描繪貓兒本身可愛感的形式。例如：一八七七年（明治十年）浮世繪師小林清親畫的〈貓與提燈〉（猫と提灯，圖13）等，正是表現這種變化的代表作品。這幅圖從技法來看，明確看得出受到西洋畫技法的影響，同時，畫中的貓體型圓胖，不再是陪襯或擬人化，也不以巧思的趣味作爲題材，其本身的姿態成了主題。不過，貓的瞳孔細小，雖然比江戶時代的貓眼畫法來得略爲柔和，但是仍然

圖 13　小林清親〈貓與提燈〉（千葉市美術館藏）

圖 14　歌川國利〈新版貓百態〉（私人藏）

是江戶時代畫法的延伸，必須要到昭和年間，後來那種大眼貓兒的畫法才普及開來。

圖14是明治前期玩具畫的一種，是歌川國利所畫的〈新版貓白態〉（しんぱんねこ尽），貓的各種姿態成了這類畫的主題。貓是主角，賣點也不再只有巧思之趣，但是貓臉的畫法依然維持近世的面貌。月岡芳年在一八七八年發表的〈見立多以盡　欲取消〉（見立多以尽　とりけしたい，圖15）這幅畫的左側就畫了貓，如果單看那隻貓圓胖的體型、靜態的身影等，與夏目漱石在《貓》中描述橋口五葉的畫（後述）相當接近。但可惜的是，主

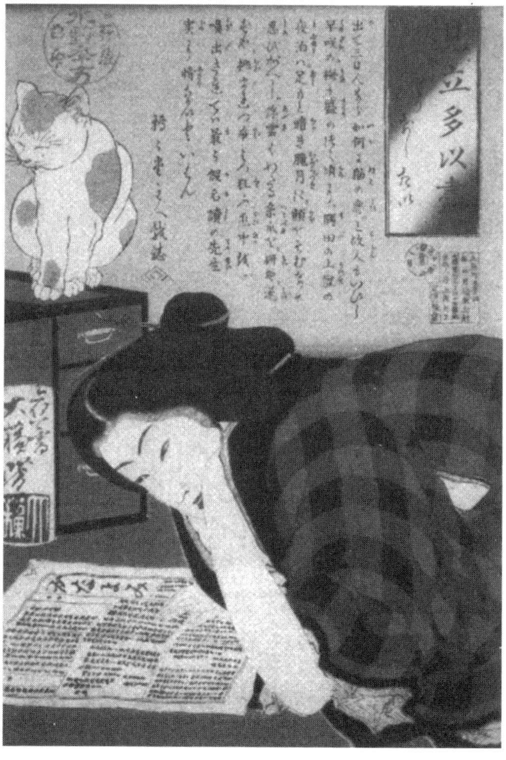

圖15　月岡芳年〈見立多以盡　欲取消〉

角是中間的女子，貓還是沒有脫離「陪襯」的角色。用擬人化以外的手法讓貓當主角的畫，還不是很多。不過，畫師已漸漸把貓當成貓來畫了。

貓以貓的身分主角化

接著，從跨入二十世紀開始，獨立來呈現貓的原貌的畫漸漸變多。圖16是一九〇二年登在《風俗畫報》封面的畫。這幅畫上面的貓不是人類的陪襯，不是擬人化，也沒有用滑稽趣味當賣點。號稱日本最早、掌握當時流行風俗的畫報雜誌封面上「只」登出貓畫，就是個劃時代的舉動。可以說近代的貓畫從此誕生。

圖 16 《風俗畫報》封面

圖 17 《我是貓》下冊裝幀（橋口五葉畫）

橋口五葉爲漱石《貓》下冊（大藏書店、服部書店，一九〇七年）繪製的封面（圖17），在這波潮流之末上場。貓在中央，蒲公英配置左右的構圖，顯示貓不但是主角，而且是用靜態的手法來表現貓的可愛，可以算是形成後世「可愛的貓」圖像的里程碑。同書上冊的裝幀則是擬人化的貓頭巨人像。從這層意義來說，漱石《貓》的裝幀可以說象徵了從擬人化到著重貓兒原貌之間的變化。

從此之後，隨著進入大正、昭和年代，靜態、天真、溫馴的貓形象，漸漸成爲畫可愛的貓時的王道。圖18的《我所見亞米利加》（吾輩の観たる亜米利加）是描

圖 18 《我所見亞米利加》下冊封面

圖 19 《溫柔的動物》（やさしいどうぶつ，高橋書店，年代不明〔戰後〕）

寫漱石的《貓》裡面的主角「我」前往美國的戲仿作品。封面畫的貓正展現出近代的「可愛感」。如戰後的作品圖19所顯示，這種走向一直到高度成長期，都是近代典型「可愛的貓」的畫法。而如本書第二一四頁刊載的雜誌封面所示，這種畫法也進一步串連到攝影的構圖。

如以上所述，即使不作爲美人的陪襯，或是不具有擬人化、妖貓等「附加價値」，貓能以本來面貌擔任畫作主角的時代來臨，標示了「近代」貓形象的誕生。漱石的《貓》不論在小說還是繪畫的領域，都是象徵這一點的作品。

貓地位提升的中途

不過，令人意外的是，漱石的《貓》未必受到當時愛貓人的青睞。例如：後來撰寫日本第一本正式研究貓的書籍的石田孫太郎便說：「余憎夏目氏（寫的貓）非但不惹人愛憐，反而成爲令人憎惡，揭發家庭祕辛之貓」，猛批夏目漱石寫的貓，是一隻性格惡劣，會用挖苦口吻暴露、批評飼主家庭秘密的貓（石田孫太郎〈小猫を迎ふ〉《衛生新報》四七，一九〇八年）。夏目漱石的《貓》雖然以貓的角度讓貓擔任主角，但它與本章前半所介紹、近世以來的貓觀並非完全無關。書中幾乎看不到任何貓兒可愛的描寫，正如石田所說是隻「令人憎惡的貓」。此外，書中有打貓頭的場景，還出現煮貓肉來吃的人物稱讚「貓肉好吃」（《貓》上卷第五）。雖然這樣的描寫已脫離妖貓、怪貓形象的束縛，即使如此，貓狡猾的形象、人們蔑視貓的觀念並未消失。現實社會中貓的形象還是不太好。

但是，過了不久，貓的地位發生了革命性的轉變。過去多以惡德形象形容的貓，突然之間成爲了國家宣傳下有用的動物，走進了新的時代。

3 國家帶動的「貓潮流」——貓的三日天下

飼養「貓畜」！的大號令

被搶走老鼠的貓

這世上沒有比人類更不講道理的了，他把我抓的老鼠全都搶走，送去派出所啦。警察也不知道是誰抓的，反正抓一隻就賞五錢。我家主人靠著我的努力，到現在已經賺了一塊五了，可是連頓像樣的飯都沒給我吃過，人類哪，全是像假正經的強盜罷了。（《我是貓》上卷第一）

這是夏目漱石《貓》中，「車夫家大黑」對主角「我」說的台詞。人類之所以搶走貓抓的老鼠，自然是政府爲了預防傳染病（鼠疫），收購病媒跳蚤寄生的老鼠。漱石居住的東京市從一九〇〇年（明治三十三年）一月起，以一隻五錢收購老鼠。

漱石《貓》於《杜鵑》（ホトトギス）雜誌上開始連載的一九〇五年前後，出現了想以抓鼠爲業大賺一票的人，被稱作是人搶貓職。一天能抓五、六十隻到四、五十隻，成績差的日子也能抓到三十隻，一隻能賣五錢的話，一天最高能進帳三圓（藪野椋鳥〈鼠捕り〉《文芸倶樂部》一九〇八年十月號）。當時，打零工的工人日薪爲五十三錢左右（週刊朝日編《値段の明治・大正・昭和風俗史》上，朝日文庫，一九八七年），捕鼠收入約爲三到五倍。

日本從一八九九年開始到大正年間，間歇發生鼠疫大流行，致死率達八成以上，瘟疫的蔓延成爲嚴重的威脅。尤其是大阪、神戶、東京、橫濱等人口密度高的大都市，流行更爲嚴重。

章首引用的「車夫家大黑」感嘆老鼠都被人類搶走，但是不久之後，政府認爲會抓老鼠的貓可以有效對付鼠疫，以消滅老鼠對策的名義帶動「貓潮流」，貓搖身一變成了人見人誇的動物。

爭論貓的有用性

一九〇〇年（明治三十三）前後開始，漸漸有人提倡利用貓來防治傳染病。一九〇六年十二月，神奈川縣防疫顧問會議上，通過獎勵養貓來防治鼠疫的政策，於是部分地區開始施行養貓獎勵的措施（〈猫と鼠〉《東京朝日》一九〇六年十二月十一日）。但是，只有地區性施行，並沒有馬上推廣到全國。這是因爲有人主張相反的論調。也就是說，鼠疫的媒介跳蚤也會寄生在貓身上，而且吃掉帶有鼠疫細菌的老鼠，有可能成爲感染源，所以應該消滅貓，這種撲殺貓的論述也確實存在。

例如：福澤諭吉經營的《時事新報》就是這類意見的急先鋒。該報記者，也是福澤諭吉的妻舅——畫師今泉一瓢說：「如果鼠疫不會傳染給貓的說法屬實，倒是沒什麼關係。但是現下認爲會傳染給貓的說法比較多，所以必須把家貓和野貓分別撲殺掉才行。」主張全面清除貓隻。但是他提議「撲殺的做法實爲殘酷的行爲，絕非文明國家可行的辦法。……目前可以委託給淺草新谷町一帶的人……可以高價出售就賣掉，沒有人要的狗貓，就在大眾看不到的地點撲殺，其皮可茲利用」（今泉秀太郎《一瓢雜話》誠之堂，一九〇一年）。淺草新谷町是製皮業者的集散地。儘管認爲撲殺「殘酷」，是「文明國家」不應有的行爲，但是後段卻又說要在大眾看不到的地點撲殺、加以利用，這套理論充分顯示出他們所說的「文明」本質。

柯霍的意見

在這段期間，德國細菌學的奠定者，當時就已十分知名的學者羅伯．柯霍（Robert Koch）訪日，成爲貓有用論取得優勢的一大契機。留學德國，有向柯霍求教經驗的北里柴三郎，在一九〇八年（明治四十一年）六月，邀請老師訪日。當時，北里向柯霍請教日本鼠疫的防治方法。柯霍認爲，像老鼠這種繁殖力極強的動物，用藥物等人爲方法防治，耗時又花錢但是事倍功半，反倒是用貓來除鼠較有效果。並且提議讓民眾義務養貓，由警察負責檢查；利用懸賞等種種方法鼓勵養貓；獎勵進口和繁殖擅長捕鼠的貓種、建立貓市場等來促成養貓和品種改良；還有在鼠疫流行地區，要求靠港的船隻必須因應噸數，讓一定數量的貓上船；或用建築法規來規範人們，有義務在老鼠棲息的屋簷下等處設置貓的出入口等（北里柴三郎〈「ペスト」病予防に関するコッホ氏の意見」〉《中外医事新報》六八二，一九〇八年）。

布坎南的論文

柯霍提倡養貓獎勵絕對不是一時興起，事實上，一九〇七年柯霍訪日的稍早前，駐在印度的英國籍醫師安德魯．布坎南（Andrew Buchanan）就在論文中主張貓對防治鼠疫的效用。從印度的統計數字顯示，貓少的地區鼠疫猖獗，貓多的地區則很難發生鼠疫，進而提倡養貓的用處（Andrew Buchanan, "Cats as Plague Preventers," *The Indian Medical Gazette*, 42-10, 1907）。這篇論文對歐美醫學界影響甚鉅，柯霍的學說也採納了歐美醫學界的風向。

此外，確實如某些人主張，貓也有罹患鼠疫的案例，但是，寄生於老鼠身上的跳蚤，與寄生於貓或人身上的跳蚤，種類各不相同，對人類傳染力高的鼠疫媒介，是寄生在家鼠身上的跳蚤，當然，這種跳蚤並非完全不會寄生在貓身上，但與老鼠比起來，風險低得多。如果在疫病流行之前養貓，減少老鼠數量的話，傳染爆發時作爲媒介的老鼠就不會太多，一定有抑制擴散的效果。所以正式呼籲獎勵養貓。

有柯霍這樣大師的背書，獎勵養貓的論述透過各種媒體傳播，影響力也擴及到行政層面。如報紙上所說：「柯霍博士訪日，發表貓與鼠疫之間關連的談話之後，貓的氣勢不可一世，不但警視廳開始進行貓的戶口調查，還就貓開起了研究會，走進了貓的全盛時代」（〈英国に於ける猫の権勢〉《讀賣》一九〇八年八月二十五日）。掀起了獎勵養貓的旋風。

貓的研究與獎勵飼養

內務省接受柯霍的意見，著手對貓與鼠疫的關係進行詳細的研究。宮島幹之助成爲國立傳染病研究所的主任，在調查擅長抓鼠的貓種、研究貓的訓練法、交配派得上用場的貓這些方針下，從群馬、茨城、栃木、福島、宮城、青森、山季等養蠶地搜羅數百隻貓，又從已經施行養貓來預防鼠疫的印度進口了數十隻貓（〈伝染病研究所の猫研究〉《東京朝日》一九〇八年八月二十七日）。同年十二月，內務省中央衛生會達成獎勵養貓的決議，一九〇九年一月，內務省向各府縣發出「獎勵貓畜之飼養以驅除鼠族」的通牒，下令盡可能選擇貓品種廣泛飼養。此外，對靠港的船舶也要求按噸數飼養相當數量的貓，講述各種普及的方法（《防疫之栞》警眼社，一九一二年）。

接到命令後，二月六日警視廳與東京府爲預防鼠疫，向各家庭發出告諭，爲防治鼠疫，各家庭應飼養「貓畜」（〈猫畜飼養に関する告諭〉《婦人衛生雜誌》二三一，一九〇九年）。進而在東京市內，從東京市向各區長，各區長向各衛生單位，提出「望能勸導組織內一般居住者了解養貓之必要」的通牒（一九〇九年二月十九日竹早衛生組合長宛東京市小石川区長通牒，文京鄉土歷史館藏），要求獎勵養貓的政策要能貫徹到行政地區末端。警員將挨家挨戶拜訪，倡說勸導飼養貓隻的辦法，以期能實現這項告諭（〈一事が万事〉《讀賣》一九〇九年二月九日）。

成為諷刺的題材

對於這項施政裡要求警員挨家挨戶勸導等辦法，也有人以批判口吻評論：「自稱躋身世界文明國家之列的日本政府，在一德國人的教授下，突然訓諭國民『貓會捉老鼠』，不覺有些滑稽之感」，這難道不是日本人崇拜西洋與缺乏研究心的表現嗎（前述〈一事が万事〉）。內務省或警視廳的告諭中，在應稱爲「貓」的地方，刻意用平時不用的「貓畜」一詞，表示政府和警方自己也感受到這種滑稽感，因而故意採取帶著權威的用詞。但是，不同於今日，當時的警察早就習以爲常，會用強力威嚇的態度來壓迫民衆，所以他們挨家挨戶勸導養貓的模樣，愈是拉高這種威嚴，民衆看起來愈滑稽，提供了報紙、雜誌許多談資。例如：某報描述警員訪問家家戶戶，調查養貓數量的時候就有這樣的狀況。

「請開門。」佩劍發出鏗鏘聲，神氣十足的巡警猛地朝玄關口一站。

「啊，是警官大人啊。」（受訪家的屋主）立刻套上（衣服），（一面整理儀容）飛奔而出。
「你家裡有貓嗎？」
「呃——您說什麼貓？」
「就是喵喵叫的那種貓啊。」
「哦？那種貓怎麼了？」
「（你）搞不清楚狀況欸，就是問你家裡有沒有養貓。」
「聽說如果有養的話要徵稅……？」
「嗄？不是問你這個。如果你有養的話，今年幾歲，什麼毛色，原籍何處，沒有申請不可收留無籍的貓。」

貓根本不可能有戶籍，最後的原籍、無籍云云，只是模仿民衆戶口調查的惡搞。而且警員用鹿兒島方言講話，反映當時的警員大多是薩摩藩出身。屋主沒有料到警察怎麼會來調查養貓狀況，刻意穿好了服裝出來應門，擔心是不是要徵稅。同樣接受訪問的另一戶人家胡亂猜疑：「我家的小咪吃了鄰居家的錦鯉，所以巡警來抓貓了。」還有人譏諷道：「怎麼政府獨家經銷三味線了嗎？」因爲有這樣的因素，最初對警方的調查，很多民衆試圖隱瞞自己有養貓的事實（〈猫の戶口調查〉《東京朝日》一九〇八年八月一二日）。此外，警員還到藝妓屋問「你這裡有沒有真正的貓」（因爲藝妓也被稱爲「貓」，因此特別加了「真正的」以茲區別），或是謠傳政府會發出強制養貓的命令（〈猫の数〉《文芸倶樂部》一九〇八年九月號）。

貓的全盛時代

著名的諷刺漫畫家北澤樂天創刊的《東京白駒》（東京パック）諷刺政府獎勵養貓，刊登了所謂「白駒氏養貓獎勵法」，並且羅列了以下藉由養貓獎牌制度來推行的獎勵辦法（圖20）。

其中建議：

（一）養一隻貓贈獎牌一面和公民權。

（二）收集五面獎牌，可獲衆議院議員選舉權。

（三）加上搭乘全國鐵路一律半價。

（四）於是船夫養貓、車夫也養貓，

（五）附近發生火災時先救貓，

（六）有些家庭的主人每日早晨起來先向貓請安，

（七）卽使隨地便溺，巡警看到獎牌便默默走開。

文章諷刺世態，終究只是玩笑，不過，從此可以一窺在警方權威之下，貓如何受到重視的狀態。「直到昨天，貓還被當成麻煩的破三味線蒙皮」，不料「承蒙柯（霍）博士的賞識之後，不但在報紙上交相讚譽，也備受飼主的寵愛……現在睡在溫暖的友禪坐墊上，舒服沉浸在蝴蝶夢中，成爲當代的寵兒」（神田紫芳〈貓の全盛〉《文芸俱樂部》一九〇八年十月號）。過去被嚴厲貶損爲道德低劣、妖怪化、作崇等的貓，現在飼養牠卻得到官憲的獎勵，所以，貓的地位有了革命性的翻轉。人們笑

圖 20　〈白駒氏養貓獎勵法〉（《東京白駒》5-4，1909 年 2 月）

說，昔有「犬公方」，[1]今有「貓總監」（出自前文的〈猫の数〉），或傳說「說不定未來也像犬公方時代，如果殺貓，就會被判死罪也說不定」等，「貓的全盛」時代眞的將會到來（出自前述的神田紫方〈貓の全盛〉）。

貓的價格高漲

東京以外的地區也開始實施貓的數量調查與飼養獎勵，在横濱市內各町，只要有貓誕生，衛生單位就會支付每隻五十錢的飼養津貼，同時會將小貓分給組織內想養貓的人，有養貓的家庭在進行預防鼠疫消毒時，可獲得不用拆下屋頂天花板的優待（沒有這項優待的話，必須拆開天花板消毒來撲滅老鼠，非常麻煩），以此獎勵養貓（〈横浜の飼猫奨励〉《東京朝日》一九〇九年六月二十六日）。至於飼養津貼的給付量，到十一月爲止已高達三千隻（〈横浜市の猫〉《讀賣》一九〇九年十一月六日）。三重縣方面，飼養六個月以上的貓，每隻送抽獎券一張，一年開

1 譯注：犬公方爲德川五代將軍德川綱吉的綽號，他因爲屬狗，在僧人建議下，發布生類憐憫令，不准隨意宰殺動物，尤其是對狗特別重視，因而遭世人批評。

獎兩次，一等獎可得現金七圓，二等獎可得現金三圓（〈飼猫奨励に関する件（三重県）〉東京郡公文書館藏《各種会議》，府明Ｉ明四四二—〇〇六）。兵庫縣採取的策略則是讓警察家訪各戶，搜集多餘的貓來分配給沒有貓的家庭。但是，由於貓風潮驟然興起，貓的價格高漲，民衆便藉故拒絕免費提供給警方。警員們搜集不到貓，屢屢出現警官們爲了抓貓抓得一身毛的滑稽場面（〈猫貰ひの困難〉《大阪朝日》一九〇八年十月二十五日早報）。

這種狀況中，貓的價格漲到一隻五圓、十圓，東京出現了養貓販賣所，生意興隆。販賣所最早設在淺草區千東町一丁目，後來又在本所區松倉町二丁目開分店。據老闆娘說，價格按毛色和性格有所差異，毛色純黑和純白的價格最高，此外，性格有蝶子、雞子、蛇子、鼠子四種，春天生的貓偏愛捕蝶，所以叫蝶子。夏生的貓會抓雞，叫雞子。蛇子是夏末到秋天生，會抓蛇。冬生的貓會抓老鼠叫鼠子，所以冬天生的貓價格最貴。報紙報導「以前爲了把貓送走會附贈柴魚乾，現在卻要出錢才買得到眞是有趣」（〈飼猫販売所」〉《東京朝日》一九〇八年九月二十二日）。

貓的需求增加

有趣的是，幼貓的價格比較便宜。成貓一隻要五到十圓，但幼貓只要二到三圓，與現在的行情相反。因為人們需要的是馬上就能抓老鼠的成貓。因遺傳關係，雄性三花貓極為稀少，市場行情價一隻一百圓。紅貓富靈性，運動能力優越，適合抓老鼠，所以價格是六十到七十圓。其他像是「尾短體肥，留著長鬍子的胖貓，雖不實用但適於玩賞」也頗受歡迎。還有「暹羅貓體色銀灰，身材修長，腳亦長，閃著藍光的眼睛炯炯射來，這種世界頂級的貓種，價值亦數百圓」（〈三面時事〉《讀賣》一九〇八年八月十八日）。可見不只是抓老鼠，人們也以外形作為選擇標準，像是圓滾滾又可愛的貓和暹羅貓。

另外，撲殺老鼠必要性特別高的地區（如養蠶地帶等），從明治初期就設立了交易市場。如「美濃安八郡牧村一帶，野鼠繁殖、農作物受害嚴重，出現養貓需求，價格漲到成貓一隻三圓五十錢，幼貓二十錢」（〈貓価〉《東京朝日》一八九九年七月十日）的報導，連報紙都不時會報導貓價飛漲的狀況。不過，與上述的一八九八年（明治三十一年）高漲的價格相比，一九〇八年東京的價格，成貓更貴上二到三倍，連幼貓都貴到十倍以上（依據物價統計，這十年間的物價指數上升率只有一．三倍）。充分看得出此時貓的身價有多夯。

但是，貓在鄉下的價格並沒有漲得那麼嚴重。一九〇九年六月，據報導尾張一宮的「貓市」最會抓老鼠的新造貓（年輕母貓）約在一圓上下，老公貓、老母貓勉強可賣到三十到四十錢（〈貓の市〉《東京朝日》一九〇九年六月四日）。與東京比起來，便宜甚多，而且鄉間也有業者專門收購這種貓，批發到大都市去賣。而都市裡偷貓賊橫行，「左鄰右舍都聽得到『我家小咪不見了』『阿金失蹤了』。這是柯霍博士的貓有用論之後，養貓不當的狀況太多，三味線蒙皮缺貨，因而差人到處偷貓。」（〈動物界消息〉《東京朝日》一九〇九年三月十五日）。

貓的進口

另外也從國外進口貓隻。新聞報導，在養貓獎勵的影響下，一九〇八年（明治四十一年）底到一九〇九年初，從德國進口了五十隻貓。繼而有報導說在近日內將進口一萬五千隻貓（〈独逸より猫の輸入〉《讀賣》一九〇九年一月二十八日）。此外，警視廳向當時日本領有的樺太島豐原（現在的南薩哈林斯克）索取貓隻，一九〇九年八月二十八日送來四隻。樺太島有一種叫作「羅斯基貓」的品種，特別擅長抓老鼠。「樺太貓十分敏捷，可能牠們不像日本貓怕冷，不論跑得再快的老鼠，都逃不出牠的手掌心」「芝警察署內的細菌檢查所率先進行捕鼠試驗，成績頗爲良好，所以將陸續訂購，牠的體型比內地產的貓稍大，容貌溫順」（〈捕鼠の上手な猫来る〉《讀賣》一九〇九年八月三一日，另見圖21）。另外，有些地區的區公所直接經營貓的養殖，據報導山形縣「各地採購良種貓，在莊內、村山、置賜三地區個別設置一個貓總部，分別繁殖大量貓隻，發送給縣民，縣政府成立貓司令部，由衛生課主任擔任司令官」（〈猫本部猫司令〉《讀賣》一九〇九年一月二三日）。

貓飼養數量的調查

如前述，警視廳對獎勵養貓政策下，率先以家戶訪問方式進行東京府轄下的貓隻飼養數調查。調查結果在一九〇九年八月發表，刊登在各報紙、雜誌上。各報章上的數值略有差異，但大略如同圖22的數字（〈府下飼養の猫〉《統計学雜誌》二六九，一九〇八年）。

這項調查是警員挨家挨戶訪查、巡視時目測收集的數據，由於數量是已經「飼養」的貓數量，野貓不在調查範圍內，繼而考慮到回答有餵食但為流浪貓的狀況並不算入家貓，而且目測也有很多看漏的地方。因而當時各家報紙都提到「這並非實際數量，少說也有五萬隻」（石田孫太郎〈猫の研究〉《時事新報》一九〇八年十二月七日），「若仔細點檢野貓和其他無籍貓，可能有

圖21 從樺太進口的貓（《攝影時報》〔写真タイムス〕8，1909年）

	戶數	飼養戶數	飼養戶數	母	公	居住人口	飼養戶數的比例	每隻戶數比	每隻人口比	母／公
（市內）										
麴町區	16,949	810	958	477	481	73,071	4.78%	17.69	76.27	0.99
神田區	48,985	2,117	2,550	1,298	1,252	153,346	4.32%	19.21	60.14	1.04
日本橋區	24,577	1,808	2,036	992	1,044	151,873	7.36%	12.07	74.59	0.95
京橋區	52,607	1,429	1,621	835	786	207,939	2.72%	32.45	128.28	1.06
芝區	36,952	1,988	2,245	1,133	1,112	176,290	5.38%	16.46	78.53	1.02
麻布區	18,932	822	981	460	521	81,616	4.34%	19.3	83.2	0.88
赤坂區	17,565	775	843	422	420	74,590	4.41%	20.84	88.48	1
四谷區	19,030	718	816	405	411	72,026	3.77%	23.32	88.27	0.99
牛込區	28,656	1,181	1,440	691	749	98,631	4.12%	19.9	68.49	0.92
小石川區	27,427	1,042	1,235	608	627	102,668	3.80%	22.21	83.13	0.97
本鄉區	35,734	1,187	1,359	687	672	153,277	3.32%	26.29	112.79	1.02
下谷區	54,153	1,396	1,644	853	791	197,236	2.58%	32.94	119.97	1.08
淺草區	57,843	2,648	3,005	1,488	1,517	306,821	4.58%	19.25	102.1	0.98
深川區	38,057	1,396	1,557	799	758	150,285	3.67%	24.44	96.52	1.05
本所區	45,091	1,987	2,347	1,246	1,101	186,410	4.41%	19.21	79.42	1.13
市內計	522,558	21,304	24,637	12,394	12,242	2,186,079	4.08%	21.21	88.73	1.01
（郡）										
荏原郡	23,686	2,967	3,446	1,809	1,637	133,769	12.53%	6.87	38.82	1.11
豐多摩郡	23,916	2,894	3,254	1,770	1,484	125,772	12.10%	7.35	38.65	1.19
北豐島郡	21,696	3,892	4,221	2,308	1,915	186,444	17.94%	5.14	44.17	1.21
南足立郡	18,489	3,014	3,270	1,838	1,432	51,729	16.30%	5.65	15.82	1.28
南葛飾郡	13,113	2,616	3,073	1,656	1,417	102,150	19.95%	4.27	33.24	1.17
北多摩郡	14,457	8,378	9,462	5,786	3,676	101,767	57.95%	1.53	10.76	1.57
南多摩郡	16,155	7,510	8,801	4,924	3,877	104,018	46.49%	1.84	11.82	1.27
西多摩郡	12,624	5,190	5,620	2,808	2,812	81,309	41.11%	2.25	14.47	1
郡計	144,136	36,461	41.147	22,899	18,250	886,958	25.30%	3.5	21.56	1.25
東京總計	666,694	57,765	65,784	35,293	30,492	3,073,637	8.66%	10.13	46.7	1.16

圖22　養貓統計表。基本數據依據〈府下飼養的貓〉（府下飼養の猫，《統計学雜誌》269，1908年），但是有幾個地方的計算不能吻合，因此又參考其他報紙和雜誌刊載的數值，經筆者自己計算後修正。

此倍數以上」（〈貓六万頭〉《東京朝日》一九〇六年八月二十日），實際數字應該更多。

另外，看這數值，即使區和郡各有些微的差異，不過從整體可以看出，郡的每隻貓人口比、戶數比，都較市內多。相對於東京每隻貓戶數比最多的日本橋區，每十二戶有一隻，人口比最多的神田區，每六十人有一隻，郡戶數比最高的北多摩郡，一．五戶一隻，人口比十人中有一隻。即使是以整體來說，相對於市內二十一戶比一隻，八十八人比一隻的比例，郡三．五戶有一隻，二十一人有一隻。當時，一般農村因爲養蠶或其他需求，必須採取防治老鼠的對策，所以養貓的家庭很多，而數值也吻合這種傾向。但是，我猜想都市方面介於家貓與野貓之間的貓，和調查漏掉的貓，兩者數量應該不少。所以與實際貓的數量差距有可能已經縮小。

再者，較耐人尋味的是公母的比例，都市內大多是將近一比一的地區，相對的，郡較多飼養母貓，尤其值得注意的是北多摩郡，母貓是公貓的一．五倍。另外，在北多摩、西多摩、南多摩各郡，不論人口比還是戶數比，都占貓數量的前三名。多摩，尤其是北多摩地區，大部分土地不適合開闢水田，盛行養蠶，成爲農家重要的收入來源。因此這個地區爲了預防鼠患，許多人會養貓，而且母貓比例特別高，很可能因爲偏好會產仔的母貓。

貓的飼養數調查也在東京以外的地區進行，大阪市內有公貓一萬〇一百九十二隻，母貓有一萬一千四百一十四隻，郡的公貓有一萬六千〇二十六隻，母貓有二萬二千四百五十隻（平岩米吉〈猫の珍しい記録〉《動物文学》一六九，一九六六年）。橫濱市將成貓幼貓合併計算，有一萬二千二百三十九隻，用戶數去除，平均每五戶有一隻（前述〈横浜市の猫〉）。

農村地帶，尤其是養蠶地區的飼養數比都市高，是全國共同的傾向，國內養貓比例最高的縣市是福島、長崎、山形三縣，比例約兩戶就有一隻。反之，最少的是下關，東京、神戶、大阪等次之，這幾個都市的飼養率每十戶都在一隻以下。在國立傳染病研究所爲了驅除鼠疫，進行貓隻研究的宮島幹之助分析，農村自古對於防治鼠患有更強的必要性，相對不用保護農產品的都市，需求性低，貓兒養來大多當成寵物。這份數值就表現出其中差距（宮島幹之助《動物と人生》南山堂，一九三六年）。

「比貓靈」與抓貓

「比貓靈」的出現

官方爲防治鼠疫而發動的「貓風潮」很快就失去了熱度。一方面也因爲鼠疫的流行漸漸平息，但最重要的原因還是在於用藥滅鼠的方法擴展開來。

這就是風靡一時、取代了貓的「比貓靈」（猫イラズ）。廣告宣傳說，它顧名思義是一種不用貓也能驅除老鼠的老鼠藥。報紙廣告裡畫著將貓「免職」，捕鼠籠也用不到拿去賣掉（圖23）。一九二一年（大正十年）有篇模擬貓的口吻寫的文章，也出現「『比貓靈』老鼠藥暢銷之後，我想大家都不要我們了」（〈私は猫でございます〉《農業世界》一六－一五，一九二一年）。廣告說的沒錯，貓被「開除」了抓老鼠的主角地位。

圖23　「比貓靈」廣告（《讀賣新聞》1912年11月14日）。上面寫著：將貓免職，捕鼠籠賣掉。

老鼠藥經常遭到誤用，十分危險，所以一八七二年（明治五年）起禁止使用砷，一八七七年三月，又禁止燐製的老鼠藥，管制非常嚴格。不過瘟疫開始流行後，一九一二年五月，內務省下令，放寬黃燐老鼠藥的管制，「比貓靈」開始在各地的雜貨店販賣（岩藤章〈「猫いらず」自殺に就て〉《警察協会雑誌》二七二，一九二三年）。雖然市面上還有類似商品「貓爪」和「老鼠靈」，但是「比貓靈」名字取得巧的幫助下，它的銷售量凌駕了其他品牌，甚至成了老鼠藥的代名詞。因而警員不再勸導養貓，而是在家訪時發配老鼠藥（生方敏郎《明治大正見聞史》中央公論社，一九七八年）。

「貓自殺」橫行

大正到昭和期間的報紙，不時看得到「貓自殺」「貓殉情」等標題。當然，說的並不是貓自殺或是殉情，而是指吃老鼠藥自殺的事件。老鼠藥的主原料黃燐是衆所周知的劇毒，一顆十公克的「比貓靈」具有讓超過十名成人死亡的致死量。從預防傳染病的觀點出發，讓老鼠藥得以透過簡易的手續販賣，但是卻沒有充分的安全配套措施。因而「比貓靈」不只殺老鼠，也殺了人。

一九一八年（大正七年）九州發生一起用「比貓靈」意圖殺人的事件，對社會造成了影響。一九一九年，「貓自殺」的男性有十一，女性十九，合計達到三十人。看到這些報導的人又再模仿，一九二〇年，男性有七十八，女性八十九，共計一百六十七人。一九二一年男性有一百六十二，女性二百〇一，合計三百六十三人。一九二二年則是男性一百九十七，女性二百六十一，合計四百五十八人，人數急遽增加（前述岩藤章〈「猫いらず」自殺に就て〉）。

由於「貓自殺」的流行等弊害叢生，所以輿論也出現應該禁止這種藥劑的聲音。一九二三年二月一日，議員吉良元夫在帝國議會上，向內閣提出「關於取締老鼠藥（比貓靈）販賣的質詢」（贊成議員三十一名）。吉良在質詢書中陳述「比貓靈藥劑爲含有極強烈毒性的老鼠藥，貓吃到因其中毒暴斃的老鼠後，也跟著暴斃的例子頗多，愛貓人對其愛貓的死亡感受到莫大的悲傷，如此性質凶惡的藥劑公然於社會上販賣，大大違背愛護動物的精神，身爲人類之道義，難道不應斷然禁止其販賣乎，您以爲何？」（國立公文書館藏《公文雜纂》大正十二年第十六卷，帝國議會六・答辯書）。換句話說，比貓靈不但殺人，也殺死了大量的貓。

儘管貓被老鼠藥害死，但絕少被報導出來，所以實際狀況如何並不清楚。政治評論家阿部眞之助敘述，戰爭時自己曾疏散到農村，就目擊過農村裡大量的貓因誤食老鼠藥死亡，甚至有些地方老鼠還活著，但村中的貓都死絕了的狀況。阿部十分愛貓，看到流浪貓便心生憐憫，忍不住一餵再餵。原本是爲了防止老鼠吃蠶才養的貓，然而他憤慨的說：「一旦野鼠繁殖，村人們把守門人（貓）一起殺了也不介意，必須說這實在有點忘恩負義，而且非人道」（阿部眞之助〈猫のアパート〉《文芸春秋》一九五一年十二月號）。這種狀態持續到戰後，因爲老鼠藥的關係「這個地方一到春天，水田和旱田就會放滿了毒丸子來殺老鼠……別說附近的貓，聽說整個村子裡的貓幾乎都死了」（片山茂穗〈猫の死〉金崎肇編《悲しみの猫》日本貓愛好會，一九七三年）「（老鼠藥害得）家裡養的狗和貓陸續死了，傷透腦筋」（若月俊一《健康な村》岩波書店，一九五三年），這種現象在農村裡不勝枚舉。

原本養貓的目的是爲了抓老鼠，卽然有了別的方法，多數人都覺得貓的死活與自己無關。但是，這似乎也視地區的不同而有差異，民俗學家早川孝太郎敍述，到了昭和時代，養蠶式微之後，部落裡貓與戶數幾乎相同的情形很多，連一個飯碗都沒有的貧瘠家庭，還養著貓作爲「人生的伴侶」，絕不會把牠賣去當三味線的蒙皮（早川孝太郎〈猫を繞る問題一二〉《旅と伝説》一〇一〇，一九三七年）。儘管有人對死了貓毫不在意，但也有人對貓疼愛有加，卽使牠的功能不再，也繼續養著。另外，各地一再發生幼童誤食老鼠藥的意外，因而也有很多選老鼠藥不如選貓，以防止誤食的例子（尤其是在都市）（佐藤近次〈猫を飼ふ話〉《星座》一—二，一九四六年）。

「比貓靈」流行的背景

國家的獎勵養貓沒過多久就結束，改而由老鼠藥取而代之的背景，其實是提倡獎勵養貓的柯霍千算萬算都沒料到，日本有個獨特狀況，那就是西洋住宅與日本住宅的不同：

西式住宅幾乎不需要擔心任何事，但日本的房子是用木板和紙建成，屋內鋪了榻榻米，通常光腳或穿足袋行走，而且也是家人坐臥之處，所以貓兒在屋外四處亂跑，又跳進屋裡各地走，根本不知道牠帶了什麼髒東西進來。……即使是在預防撲滅「鼠疫」這一點上，貓絕不會只在戶外吃老鼠，在屋外捕獲的老鼠，貓大都會叼進屋裡，在客廳裡當玩具耍弄，最後再吃掉。即使是健康的老鼠，把牠肚破腸流的拖到榻榻米上都難以忍受，更何況如果是隻罹患鼠疫的老鼠，那簡直危險至極，更別提什麼「鼠疫」預防了。因此，以現在的日本住宅，應要稍微考慮一下合理而且最自然的「鼠疫」預防辦法。（〈飼猫に就て〉《婦人衛生雜誌》一九一六年）

其實，早就有人因為「貓在骯髒的泥地行走，又用那雙髒腳跳進室內，重視衛生的人絕不應該養貓」（加良田健康〈通俗衛生画話（三）〉《讀賣》一九〇二年十一月九日），而反對養貓。這位作者主張收購老鼠三錢的話，應該用三十錢左右的價格收購一隻貓。柯霍的理論風靡一時之際，也有少數反對柯霍的人認為：「若是洋房的地板，倒沒什麼問題，但是像日本這樣鋪了榻榻米坐臥的屋裡，養貓十分不適當……梅雨時期，等於得有個人跟在貓的後面，專門清掃牠的足跡」「貓一定把老鼠……玩得半死不活，當作沙包丟來丟去，在家中隨處亂扔，假設那是一隻帶鼠疫病菌的老鼠，又該怎麼辦？」（戶山龜太郎〈猫の実利と危険〉《讀賣》一九〇八年八月二十九日）。不過這種反對論，完全不敵柯霍這位知名人士的論說，那段時期幾乎沒人理會。但是，實際養過貓之後，確實有相當多人對貓的「骯髒」感到困擾。

不衛生的貓

當然，若是本身是愛貓人，即使沒有國家的鼓勵也會養貓的話，這種程度的骯髒還可以忍耐，或者是用限制貓進入的方法來應付。但是，若是為了衛生的目的養貓時，就不能忍耐貓的這種特性了。

前面引用的反柯霍論的意見中，也有人同時舉出絛蟲的問題，由此可知當時的貓有很多寄生蟲。「日本老鼠體內的絛蟲非常多，因此，貓罹患絛蟲的比例也不少。抓到愈多老鼠的貓愈危險。而且那種絛蟲與其他寄生蟲不同。將它割成一節一節，丟在房間角落，它還會蠕動……甚為噁心。有潔癖者尤其厭惡吧。」形容得歷歷在目。此外，有關貓的糞便，「大多排泄於緣廊下，所以不論從衛生上或視覺上，都是應該考慮的問題」（前述戶山龜太郎〈猫の実利と危険〉）。

做了貓廁所也沒用

即然不能在走廊下排泄，不然弄一個貓便盆不就行了嗎？有些讀者可能抱著這樣的想法。從江戶時代之前就有人把砂倒在盒子裡，建造貓用的廁所，名叫「糞仕」。在谷崎潤一郎的小說《貓與庄造與兩個女人》（猫と庄造と二人のをんな）中，就有下述的描寫：

讓庄造來說的話，這隻貓絕不隨意大小便，想上廁所時，一定會進糞仕排泄，儘管這一點令人讚賞，但是牠在戶外玩耍，還會特地跑回家進糞仕大小便，所以糞仕臭氣熏天，惡臭充斥在整個家中。再加上貓屁股黏著砂粒到處走，所以榻榻米總有沙子。下雨天臭味更濃烈，悶在屋子裡令人感到窒息。牠從外頭的泥濘，直接跳進屋裡，貓的足跡弄得到處都是斑點。（《貓與庄造與兩個女人》創元社，一九三七年）

谷崎自己是愛貓人，所以，這段文字是根據親身體驗寫成的吧。如同某愛貓人所說：「養了貓卻又說榻榻米髒了、拉門破了，柱子都是爪痕等神經兮兮的話，其實沒有資格養貓」「既然養了貓，房間多少會弄髒，在某種程度上必須忍耐」（小西民治〈猫の飼ひ方〉《猫の研究》一，一九三五年）。當時的人養貓，就意味著必須對骯髒睜一隻眼閉一隻眼。

討厭貓的原因

畫家藤田嗣治在散文中寫道：「在日本，不懂貓、討厭貓的人好像很多」（藤田嗣治〈女と猫〉《猫の研究》），同樣也是畫家的木村莊八寫道：「十人裡面會有六人討厭貓」（木村莊八〈猫〉《木村莊八全集》第五卷，講談社，一九八二年，原版一九二一年）。減去木村所說的六人，剩下的四人應該並非全都是愛貓人，也包含對貓漠不關心的人，所以愛貓人從整體來說算是相當少數派。

正如「過去從來沒有養過貓。原因之一就是貓溜到外頭，踩了一腳泥又進到屋裡，實在是骯髒又不衛生」（內田清之助《猫の恋》東京出版，一九四六年）「（貓）糞痕狼藉，不可稱汙穢」（大畑裕《最近記事論說壱萬題》修學堂書店，一九〇八年），很多人討厭貓的原因，大多是因爲貓的「不衛生」。即使是戰後，進入高度成長期之前，還是有很多人因爲貓會舔屁股所以很髒、身上帶細菌等原因討厭貓（立原步美〈愛の身がわりとして〉《猫づくし》誠文堂新光社，一九七九年）。

也許有人認爲，既然怕髒，養在室內就好了嘛。可是，當時日本住宅都是開放性的構造，把所有出口都關上會十分不便。尤其是夏天酷暑時，通風不良的話會悶熱難耐。而且，春天貓兒發情的時期，管不住貓想外出的衝動，家裡的紙門可能全部抓破。再者當時絕育手術並不普及，幾乎不可能在發情時把貓關在家裡。此外，「不論哪個養貓的家庭，都會爲貓蚤煩惱。不但貓自己難受，家人也很傷腦筋」（〈猫のノミと敷物の褪色〉《東京朝日》一九三四年八月二四日），貓身上的跳蚤也是麻煩之源。

圖24　大佛次郎與愛貓（大佛次郎紀念館藏）。過去養貓就意味著你必須忍耐紙門變得破破爛爛，或是把家裡弄得髒亂。

女人貓性與男人犬性

提到厭貓，有關女性厭貓的報導特別多，是這個時期的特徵。如第一章談過的，不時可以看到一些言論，認爲江戶時代以前起愛貓人以女性爲多。貓與女子一同入畫，遠比與男子一起多得多。此外，有人說女性與貓性格上有相似之處，所以女子才愛貓。好比下列的言論應可稱爲此中的極致：

> 自古以來皆稱犬為男子的附屬，貓為女子的附屬。……若將犬與貓相比，兩者本性迥異……男人愛犬，女人愛貓也正表現出兩者的差異之處。……犬直白外放，貓則內斂神祕，這與男子外向，而女子隱祕的性格一致。……如同（貓）捉鼠時，先藏身於暗處，鎮定觀察敵人動靜，或者大膽表現出對那隻動物並不在意的樣子，再一舉攻擊它……必須說貓是一種縝密度令人吃驚、城府極深的動物。……犬十分耿直，而貓勝在狡獪。也就是說如果女子因為性格相似而特別愛貓的話，就不得不說女人性格當然狡獪。……其次，貓性奢侈，貪逸樂也與女人一致。……仔細想想，人在世上生活艱苦，男人盡皆成為走狗，汲汲營營幹活，女人成為寵貓，登堂入室悠哉享樂。女人真幸福啊，如此天下太平的話，世上沒有比生為男人

更不划算的差事了。（醉學仙人《女の秘密》有名堂，一九一五年）

第一章就已經介紹過，人們將對貓的負面看法，與對女性的負面看法重疊，充滿偏見的認爲女人正因爲性格狡猾，所以才喜歡同樣狡猾的貓。這種將貓與女性的形象重疊，因而認定女性都是愛貓人的言論非常多。

女人愛貓嗎？

但是，當這種形象依舊橫行的同時，女性討厭貓的證詞和描寫，散見於明治後期到昭和戰前期的散文和小說中。舉例來說，散文家生方敏郎也是個愛貓人，在一九三四年（昭和九年）以前他曾爲將近一百隻幼貓尋找領養人。從這種找養貓人的經驗，他的結論是愛貓的男性遠比女性多。當他詢問「要不要貓呀」，立刻點頭的通常是男性，女性要回去與父母或丈夫商量才能決定。而且男性好不容易帶回家的貓，卻因爲太太不愛而送回來的例子也所在多有（生方敏郎〈貓〉《文芸春秋》一九三四年二月號）。當然，這還必須考慮到當時家庭中男女的強弱關係，想養但要問丈夫意見，不敢馬上答應的女性也很多。

話雖如此，除了生方之外，也有很多人同意「一般西洋女性有較強的愛貓傾向，而日本女子好像不太喜歡」（北條民雄〈猫料理〉《いのちの初夜》創元社，一九三六年），似乎並非只是強弱關係的影響，還有其他的因素。記者鈴木文史朗投稿到《新青年》雜誌的小說〈貓〉中，也描寫了討厭貓的女性這麼說：「我最討厭貓了，牠會輕佻的在衣角邊摩蹭，掉毛在廚房和客廳裡，下雨天用沾泥的腳蹬上房間，偷吃飯菜，吃太多又吐出來」（鈴木文史朗〈猫〉《新青年》八—三，一九二七年）。雖說是小說，但是從其他雜誌報導中，也可以看到很多基於這種原因厭貓的女性，所以不妨當作反映實情的描寫。

生方敏郎敍述，女性討厭貓的原因，是因爲貓經常刮傷、弄髒家裡，偷吃食物，把幼兒、嬰兒撓傷，或是坐在腿上掉了一堆毛，髒腳弄髒衣服等，這些行爲都會對操持所有家務的婦女形成負擔。對男性而言，貓只是有時候陪著玩玩，有時候只要觀察就行的玩具。但對女性而言，貓不只是陪玩的對象，不但照顧起來很費神，而且是干擾家務、偷吃食物、壓迫家計的傢伙，所以尤其對主婦而言，算是相當大的負荷（前述生方敏郎〈猫〉）。生方在自己寫的小說中，也讓裡面的妻子說出這樣的台詞：「貓把老鼠吃得五馬分屍，沾到血漬，反正都無所謂。可是我們打掃收拾起來，可不是簡單的事。」這應該也是基於他自己的見聞寫下的故事吧（生方敏郎《哄笑微笑苦笑》大日本雄辯會，一九二六年）。

從近世之前開始，男主外女主內的規範並非完全不存在，但是在江戶時代，還是有不少全家人一起操持家業，或者男性參與育兒的狀況。女性必須把家務或育兒視爲專職工作的觀念，是明治以後「賢妻良母」理念加乘作用下才推廣開來。此外，從江戶到明治期間，一定程度以上的階層，一般家裡會有女傭幫忙家務（因此，許多書籍都會描寫女傭追趕溜進家裡的貓）。但是，明治末年到大正期間，都市或郊外「新中間層」逐漸擴大。這些家庭的經濟規模沒那麼大，即使雇了傭人也以一人爲限（而且大正期以後，女傭缺人十分嚴重）。家中主婦也漸漸主動在育兒、下廚等方面扮演「賢妻良母」的角色。對這種主婦來說，養貓只會增加自己的辛勞，無法歡迎這個選項。昭和初期某雜誌上寫道：「特別是與文藝有關係的人和中產階級以上的家庭婦女中，愛貓人尤其多」（鹿子木東郎〈愛猫家への入門知識〉《農業世界》三〇－一五，一九三五年）。這裡所謂「中產階級以上」，只要想想上述的原委就能明瞭。有著討厭貓的女性存在，多多少少會阻擋家中養貓，再加上前述貓的「不衛生」，成爲加速促成這波用老鼠藥取代養貓風潮的主因之一。

獵貓人的橫行

至於過去官方對養貓的獎勵，爲貓兒數量的增加有些許貢獻吧。雖然並沒有統計資料可以參考，不過一九二二年（大正十一年）四月四日《讀賣新聞》投書欄，標題爲「不應養貓」的投書寫到，即使獎勵養貓防治鼠疫，但是貓的數量並沒有增加，原因何在？因爲人們養的貓都不在了。到底「有多少人養了貓，還一直養下去呢？」貓不在是因爲有人偷貓抓去剝皮，還有人收購貓皮製作三味線。「此乃不容懷疑的事實」，這位投稿者如此說完之後又說，反正養了貓也會被偷，所以還是別再養貓了吧。並且呼籲「請用內務省許可，極度安全的『比貓靈』代替貓來撲滅老鼠」（〈猫飼べからず〉《讀賣》一九二二年四月四日）。從獎勵養貓經過了十年，當時的人實際上並未感受到貓數量的增加，可以知道原因就出在「捕貓」。

獵貓人是明治到昭和戰後時期，貓飼主最害怕的人物。戰前，捕了貓在公共場所剝皮的行爲會遭到取締，新聞不時會出現逮捕嫌犯的報導。一九〇八年十二月，獎勵養貓開始沒多久，警視廳太平町分署的後藤分署長因爲家裡養的貓被獵貓人害死，報導說：「署長掉下男兒淚，將其屍骸葬在同町的弘安寺。」報導裡也指出貓的價格爲八十錢，每人一天的收入可達三十圓上下（〈小猫を盗む職業〉《讀賣》一九〇八年十二月三・四日）。抓貓的方法，大多是把木天蓼或麻雀用線綁著，引誘貓兒靠近，戰後大多使用的金屬捕貓籠，在戰前幾乎沒人使用。

過去的獵貓人最多是因爲有抓了幾十隻貓的嫌疑而被逮捕，不過自從官憲獎勵養貓的時候起，如報紙上所報導「近來偸貓賊流行」（〈猫泥棒〉《讀賣》一九〇九年八月二十八日），不只是件數增加，最令人矚目的是規模的擴大。一九一二年，神田區、淺草區某男子因得手五百隻以上，並且將貓剝皮而遭到逮捕（〈猫五百匹を皮剝〉《東京朝日》一九一二年十二月三十一日），一九二二年八月也出現過偸貓賊大清查，逮捕了一名千葉縣君津郡的居民，與他的頭目、設籍在下谷區龍泉寺町的男子，據報他們抓了一萬隻以上的貓運往關西一帶（〈猫泥棒の大検挙〉《讀賣》一九二二年八月十三日）。另外，一九二五年八月逮捕了從前一年的九月起，一年內盜獵四千隻貓的埼玉縣埼玉郡男性（〈四千匹の猫泥棒を荒す〉《東京朝日》一九二五年八月五日）；一九二六年一月也逮捕了自前一年十月以來，僅三個月就盜獵五千隻貓的北豐島郡三河島男子，新聞報導了女飼主在發動追緝的本所原庭警察署，抱著被殺愛貓的毛皮痛哭失聲（〈夫より可愛い猫の皮抱いて警察に泣崩れる美人〉《東京朝日》一九二六年一月二十二日）。

一九一二年的獵貓人實際情況

一九一二年的雜誌登出描寫捕貓業實際情況的報導，報導中說，做捕貓買賣的人分為「正職」和「地下」兩種。正職的獵貓人在淺草光月町形成集團，其中也有成家的人，但大半都是捕貓業同僚在小客棧一同賃居。「正職」人數有二十人左右，而「地下」則有三十人上下，他們大多分別住在淺草區各地，有的自立一戶，也有人住客棧。「正職」與「地下」的不同在於與批發店的關係。五家在光月町、一家在土手下的批發店，必須向「正職」收購。如果批發店被發現有向「地下」收購的話，「正職」會進行殘暴的制裁，甚至到關乎性命的程度。批發店收購的價格是剝了皮的八十錢，未剝皮五十五錢。由於「地下」不能賣給批發店，所以會賣給「正職」，價格約為「正職」售價的八折。

許多獵貓人抓貓之後，在公共廁所等地方剝皮，所以公共廁所有個通稱「手術室」的暗語。抓貓時他們會穿著斗篷或外套來假扮成紳士。首先去鳥店買麻雀，塞進口袋裡。然後用線把麻雀腳綁住，用來釣貓。貓聽到麻雀的拍翅聲靠過來時，就把牠抓住藏進懷裡。這些貓都是家貓，被外套暖暖的裹住並不會掙扎，最多只會發出嗚咽聲，然後就直接帶到「手術室」（かわ坊〈犬猫泥棒〉《文芸倶楽部》一九一二年三月號）。

貓皮的價格

八十錢的價格是批發店的收購價，接下來會用高價轉賣給三味線製造業者。在前述報導的十一年之前，據說「東京三味線師用的貓皮原價爲一張二圓到三圓，一年進貨價高達十萬圓」（〈滑稽金儲三策〉《讀賣》一九〇一年九月十六日），即使與十一年後、一九一二年批發店的進貨價相比，交給業者的價格也是兩倍以上。說不定到一九一二年時，賣給業者的價格更貴。

之後，由於警方加強取締，再加上第一次世界大戰爆發物價飛漲，一九一九年時，價錢三級跳，據報換一張三味線皮含工資要花八到十圓。既然貓皮價格那麼高，有人會想，爲什麼不養殖呢。但是一九一九年那個時間點，飼養費用一天六錢，做三味線的皮，以四個月大、乳頭尚未發育的貓最適合，即使養到三個月大，也得花五圓四十錢，再加上工資就超過八圓了，所以並不划算（〈猫の飼料與三味線〉《讀賣》一九一九年十月二日）。關於三味線的材料——貓皮，據三味線製作師的說法「貓皮只能用呵護長大的幼貓，隨便亂養的貓，皮上多瘡並不適合」。所以獵貓人的目光必然會轉向用心養大的家貓或幼貓（〈猫のゆくゑと三味線師の二十四時間〉《アサヒグラフ》一九二六年三月二十四日號）。

新聞報導警方陸續逮捕了得手數百、數千隻貓的獵貓人，下一章將會提到，當時一般人虐貓的行爲非常多，即使獎勵飼養貓也很難想像這種行爲會立刻減少。貓動不動就死亡或不見，所以想必很多人會認爲用「比貓靈」滅鼠比較好吧。達到「貓兒盛世」的「貓風潮」就這樣維持不過「三日天下」就結束了。

4 貓地位的提升與苦難——愛護動物與地震、戰爭

虐待與愛護的夾縫間

日本最早愛貓團體的設立

國家獎勵養貓未能發揮太大效果就草草結束，但是這段期間，如本章將會介紹的，發生了不少事件，讓人感覺貓的社會存在感漸漸提高，包括日本第一個愛貓團體的誕生、日本舉辦第一次貓展，以及發行用貓爲標題的報紙等。

日本最早的愛貓團體在前一章介紹的獎勵養貓期間誕生，一九〇八年（明治四十一年）八月，由定居四谷區傳馬町的書法家川島（河島）水香提倡，得到大枝市右衛門、橋都儀助和其他

數人的附議下，規畫了「捕鼠競爭會」，將約二十隻的老鼠放進五坪大的正方形鐵籠中，抓到最多老鼠的貓給予獎勵，這種比賽每月舉辦二到三次，目的在培養捕鼠能力高的貓。據報導爲了這場比賽，大枝買了兩隻一貫二百五十匁（約四．七公斤）的大貓，橋都又在埼玉縣蕨町，委託一位人稱貓婆婆的吉田活，飼養三十隻左右的貓（〈懸賞猫競争会〉《東京朝日》一九〇八年八月十七日、〈猫の競争会〉《都新聞》一九〇八年八月十七日），這便是愛貓團體的濫觴。

之後，他們似乎設立了「東京愛貓會」作爲這個競爭會的主辦單位。之所以用「似乎」二字，是因爲這個組織相關的史料極少，對他們的活動狀態不太清楚。依據橋都儀助後來以「東京愛貓會會長」的名義接受採訪的新聞記載，愛貓會設立的動機，是競爭會發起人川島水香關注到貓遭到大量殺害，「東京市每月撲殺的貓隻，一町平均三隻，收屍人的費用一隻三十錢，即使報酬不划算，但是加起來也會是一筆大數字」「（家貓）長到五歲以上，就不抓老鼠了，一般愛貓人只要毛色美的貓，醜貓沒人要，最後流浪街頭遭到殺害，已是習以爲常的狀況（〈猫の研究〉《都新聞》一九〇八年八月二十六日）。從上面摘文中的「收屍人」等字眼來判斷，「撲殺」指的不是流浪貓的撲殺處理（而且當時正在獎勵養貓，不可能是官方的撲殺處理），我想應該是指打貓，或是前一章提到的獵貓人等民間虐待行爲。

「與幼貓相比，較少看見年老的貓」「不論是狗還是貓，人們倒不是特別愛小貓小狗，毋寧說是愛耍弄。等牠們年紀大了……就任其自生自滅，不再理會。有的即使餓死，或遭人虐待，也不放在心上」（オードリー監督〈動物に対する東西思想の異同〉《あはれみ》一，一九〇四年）「（東京的貓）最神奇的是，老貓數量不會增加……看到的都是年輕的貓」（柳田國男〈どら猫観察記〉《柳田國男全集》二十四，筑摩文庫，一九九〇年，原版一九二六年），這樣的狀況是眞實存在的。東京愛貓會在這種情況下反其道而行，儘管我們不清楚實際上是如何運作，或維持了多久，但是標榜「愛貓」的團體出現，在貓的歷史上也是劃時代的事件。

一九一〇年，石田孫太郎的著作《貓》（求光閣）

圖 25　明治末年貓的照片（渡邊銀太郎《動物写真画帖 家畜之巻》新橋堂，1911 年）

出版，從多種視角解說貓的生態、傳說等，是日本第一本綜合性討論貓的書。當時，除了小說之外，談論貓的書付之闕如。這本書當時的銷售量似乎不太理想，但後來數次重新發行，現在在河出文庫還能找得到。如果沒有之前政府獎勵養貓政策的流行，這本書根本不可能出版吧。

日本第一個貓展

一九一三年（大正二年），笑咪咪俱樂部（ニコニコ倶楽部）主辦的「喵喵展覽會」是日本第一場貓展。企業家牧野元次郎爲該俱樂部的會長，這個團體主張的「笑咪咪主義」，是期許能透過與人和平圓滿的接觸方式，實現和平圓滿的社會。這次展覽會是負責會誌編輯的阪井久良歧企劃、主持的一場社交活動。主辦者倒不是對貓本身有興趣，只是想要標新立異。不過，相對於過去假名垣魯文舉辦的「珍貓博覽會」最終只是貓玩意兒的博覽會，這場「喵喵展覽會」卻是展示眞貓，爲牠們排名。所以毫無疑義是日本最早的貓展。

這場展覽會的贊助者名流如雲，如《我是貓》的夏目漱石、小說《小貓》的作者村井弦齋、主持文藝雜誌《黑貓》的演員第六代尾上菊五郎、以落語《貓久》聞名的第三代柳家小灶（柳家小さん）、擅長畫貓的畫家島崎柳塢、倉石松畝等人。他們登報公開招募參加者：「一代奇觀、貓的品評會，世間愛貓人爲發揮其美麗動物之美，務請攜貓蒞臨。」也請求前述的贊助者出展。

夏目漱石回信婉拒：「其實，您所知的貓早已長眠地下，不可能參加展覽，另外，現下養的全黑的小賊貓，近日罹患皮膚病，不但身體虛弱，而且最近又發情，不時到處亂跑，所以實無資格忝陪末座，更何況將牠抓住帶去，又是另一個難關」（阪井久良岐〈にやあ〜展覧会前記〉《ニコニコ》二六，一九一三年）。

會場的狀況與得獎貓

展覽會於一九一三年四月五日星期六下午一點，在上野公園精養軒開幕，會費一圓五十錢，包含安置貓的盒裝費與茶點費。會場內除朝倉文夫雕製的塑像〈病後之貓〉外，也陳列著竹內栖鳳、尾竹竹坡、倉石松畝、荒木十畝、島崎柳塢等創作的貓畫掛軸，另外，參展的貓放在箱子裡，分上下兩層陳列。當天賓客雲集，軍人、藝術家和都內的新聞記者都到了現場。

評鑑排名的審查員有企劃者阪井久良岐、上野動物園長黑川義太郎、笑咪咪俱樂部理事松永敏太郎，以及東京著名動物醫院的三名獸醫，共計六人。每個審查員寫下分數，按平均分選出一等到三等的貓。一等由下谷區西黑門町鈴木彥太郎養的貓，三花公貓「小咪」獲得。三花貓因爲遺傳的關係，通常只生母貓，所以雄性三花貓十分稀有。二等由麴町區三番町石塚正治飼養的純白母貓「小雪」獲得。據說這隻貓原本屬於日俄戰爭旅順攻防戰的名將史提塞爾將軍（Anatoly Stessel），但經過多番迂迴轉折，成了石塚的貓。三等獎由麴町區一番町東古流插花教師龍湖園松溪的貓獲得，牠也是隻公的三花貓，名叫「玉吉」。從得獎的是兩隻公三花貓和史提塞爾養過的貓可知，稀有度與話題性是授獎的關鍵。另外又贈予芝區白金三光町眞野藏人的公貓「狆化貓」「麻魯」特別獎狀，「狆化貓」是指外表看起來像日本狆犬的長毛貓（當時長毛貓在日本極爲少見）。一等貓贈五圓份的柴魚票（兌換券），二等獎贈同獎品三圓份，三等獎贈二圓份。特別獎狀贈一圓份。另外所有參展貓都贈予獎狀和魷魚三片。

而介紹這次展覽會的報紙上，報導了某位住在小石川區久堅町、名叫畑竹的婦人，原本有報名參展，但愛貓「貞子」就在開幕前夕遭到殺害，無奈之下只好製成標本參展。這隻貓是竹女士在北海道函館時，俄羅斯東正教會修道士尼可萊送給她，是一隻煤灰色俄羅斯貓（應該就是現在的俄羅斯藍貓吧）。但是標本面貌猙獰，製作得不夠逼眞。竹女士爲此悲傷不已，想到已逝的愛貓，喊著「小貞、小貞」頻頻拭淚的情景，令來賓一掬同情淚。另一個話題是《大和新聞》（やまと新聞）記者平野十瓶的愛貓——黑貓「重平」精力旺盛滿場亂跑。而酒井忠興伯爵的愛貓皮悠，和內藤政光子爵養的羽左衛門，由堂妹內藤操子帶來參展等貴族的參與，也蔚爲話題。

這場活動成爲話題，吸引了多數民衆，甚至連貴族都來參展，表示愛貓的人愈來愈多，漸漸形成一種社會上的勢力。但是，也看得到另一角度的報導：「愛貓的女性大都像是沒生小孩的女子，靠在自己帶來的貓身邊，像對人說話般嬌寵牠，也算是一大奇觀」，隱約看得出當時若將動物當成重視的家人，會被人以怪異眼光看待的狀況（〈にやあく展覧会〉《東京朝日》一九一三年四月六日）。

最早的貓新聞

一九一五年（大正四年）十一月十五日，《犬貓新聞》發行，由作家溝口白羊擔任主筆，它的報頭有「新聞」二字，版型也仿似報紙，但是並未打算天天發刊，而且是夾在宮武外骨編輯的《袋雜誌》中。《袋雜誌》是一本除《犬貓新聞》外，還搜集《猥褻與法律》、《廢物利用雜誌》等有趣媒體的雜誌。第二號以後還規畫了《牛肉新聞》、《傻瓜評論》（ベランメー評論）、《狂人研究雜誌》、《反上抗官史》等題材。但發行單位天來社資金短缺，所以《袋雜誌》只出了一期便停刊，未再出版。報頭以犬命名，與狗相關的報導很多，可是第一次把貓放進報頭並稱作「新聞」的媒體，它是第一家。與貓相關的報導之中，有論述貓狗多遭路面電車輾死事故的〈殺害犬貓的文明〉、宮武外骨執筆談論稀有雄性三花貓的〈三花貓之牡〉、解說貓相關詞彙的〈貓草子〉等。另外，題爲「犬貓消息」的雜報報導了「築地三丁目的愛貓人永井芙美女士的牡貓小豆，感染貓感冒，十七日住院，二十五日痊癒出院」「日本橋區北槙町福井菊三郎的愛貓小白，乃金銀眼公貓，罹患感冒性胃加答兒（胃炎）住院，十月二十三日喜賀出院」等類型的報導。這份新聞並非有意向愛貓愛狗人士提供資訊，最主要的目的是模仿人類的新聞報導，博君一笑。

此外，依據報導，當時與狗相關的雜誌，光是在東京發行的就已經有三種，《犬貓新聞》寫道：「世面有犬雜誌但無貓雜誌，亦無貓新聞。想來此乃人心自然之歸趨，而有此果，然而，犬貓本是一系獸類，不應以愛憎偏頗之私情律之，本誌以『犬貓新聞』爲題卽由此故。其根本乃是博愛平等、一視同仁之精神。」到了大正期間以後，狗在民間的人氣仍然遙遙領先於貓，但該份報紙在這種氛圍中特意在報頭加入「貓」，可以算是該報紙的特色了。

此外，稍早時期的新聞報導還有獸醫的證詞：「山之手的獸醫院犬病患很多，但下町獸醫院的貓病患比較多……可能是因爲中等階級以上的家庭多養狗，中等以下的家庭多養貓吧」（〈東京市內重なる飼犬飼猫（つゞき）〉《讀賣》一九〇一年十月二十八日）。[1]有狗雜誌卻沒有貓雜誌的原因，有可能是因爲有這種狀況存在的關係。

在狗較受歡迎的氛圍中，冠有貓名的報紙出現，或者舉辦貓展，都反映出貓在社會裡的存在感漸漸增大。但是同時，從「仿貓」報紙或展覽只是想標新立異，吸引注意的意義來看，貓在社會中的地位還是很低。不用說在這一點上，就與今日愛貓族傾向的雜誌、貓展有很大的不同。明治末期到昭和初期的時代，一方面以貓爲首的動物存在感升高，而且愛護動物的精神漸漸傳播，但儘管如此，把動物當成家人一般疼愛的態度，依然遭到有色眼光看待，虐待或粗暴對待動物的行爲依然是根深柢固的存在。

愛護動物團體的誕生

在此附帶說明有關動物地位提升，日本最早的愛護動物團體——動物虐待防止會是在一九〇二年（明治三十五年），也就是東京愛貓會設立的六年前成立。核心人物是一位廣井辰太郎先

---

1 編注：山之手（山の手）指的是東京西側臺地地區，江戶時代包含本鄉、赤坂、青山、麻布等地，有許多武家宅邸和寺院。明治時代以後，多爲支持政府的大名、貴族、財閥、文化界人士等當時中上流人士居住。下町則是平原的神田、淺草、日本橋、深川一帶，爲庶民的生活圈。

生，發起人有井上哲次郎、井上圓了、巖本善治、德富蘇峰、戶川殘花、何禮之、河瀨秀治、棚橋一郎、高橋五郎、辻新次、南條文雄、成瀨仁藏、內藤湖南、村山專精、大內青巒、岡田朝太郎、山縣悌三郎、山縣五十雄、藏原惟郭、前田慧雲、福島安正、近衛篤麿、江原素六、安部磯雄、澤柳政太郎、佐治實然、堺利彥、岸本能武太、湯本武比古、澀澤榮一、島地默雷、元良勇次郎等，還有當時著名的知識分子、教育家、宗教家等也都是該會的傑出成員。動物虐待防止會在一九〇八年更名爲動物愛護會，但一九一四年日本人道會設立後，廣井就任專務幹事，愛護運動的重心也移往該會。日本人道會的名譽會長爲鍋島直大，名譽副會長由後藤新平擔任，皆爲社會名流。但是，眞正發揮領導力的是理事長新渡戶萬理子（新渡戶稻造之妻，本名瑪麗・艾爾欽頓〔Mary Elkinton〕）。另外，美國大使館武官的妻子法蘭西絲・巴奈特（Frances Burnett）、鈴木大拙的妻子碧翠絲（Beatrice）也積極參與活動，基督教精神對日本人道會有很大的影響力（今川勳《犬の現代史》築地書館，一九九六年）。

所以，明治末年到大正年間是日本愛護動物運動的黎明期，也是這種思想和運動擴展的時期。但是，爲什麼宣揚愛護動物的團體要取名爲「人道會」呢。其實這正反映出當時愛護動物的論述具有的特性。

就以堺利彥爲例，堺是在《萬朝報》《平民新聞》撰稿的作家，也是向世人宣揚社會主義的社會運動家，而他也參加動物愛護會，積極參與該會的活動。堺甚至抨擊虐待動物的橫行「此種無同情、無體諒、無憐憫的事，乃人類社會的恥辱」，認爲「希望盡可能防止世間虐待動物的行徑，在人類社會傳播博愛的精神」。但是，他的論據是在於「將馬鞭打致死的人，也是會冷酷指使人至死之人。愉快打殺馬兒的人，也是滿不在乎打殺人類的人」「愛護動物之心卽愛護他人之心，保護弱小動物的心，卽是保護其他弱小人類之心。於家庭中愛護家畜、保護家畜，有助於軟化一家人的心。尤其對小兒的教化極爲重大」（堺利彥《家庭の和樂》內外出版協會，一九〇二年）。他的目的並不是幫助動物從痛苦中解脫，而是強調做人的教育成效。不只是堺，這也是當時愛護動物運動普遍可見的典型論調。

寵物不是「家人」

由於愛護運動建立在以人爲本的理論上，堺也提醒勿對動物過度愛護：「對家畜的溺愛必須稍加警惕。將狗當成人來對待，或是把貓看得比女傭還重要，實在很不洽當」（前述堺利彥《家庭の和樂》）。更不可能像後世般將寵物當成「家人」來看待。

另外，堺還撰寫過一本《我家的犬貓》（我家の犬猫），爲動物虐待防止會的刊物。從這本書中可以發現堺隨便棄貓的記述：

> 有一次在大阪，不知哪兒來的迷路小貓，沒有很認真的養了幾天，但是沙盆實在髒得受不了。……最後沒辦法只能把牠丟棄。第二天終於把牠帶到郊外的原野上丟棄，當時，余文與突發，寫詩一句。
>
> 「棄貓而歸野道上，秋風起。」（堺枯川《我家的犬貓》動物虐待防止會，一九〇三年）

爲啓發愛護動物觀念而寫的書中，卻能若無其事寫下這樣的文章，而且還記述了他從福岡搬到東京時，把貓留在當地，和家裡養的狗對郵差亂吠，於是「必須痛打一頓才行。立刻把赤抓起來狠狠打一頓，再把牠五花大綁鎖在門柱上」。他還寫到後來每次狗對人吠叫，就照樣修理牠。

描述虐待的模範文集

連主張愛護動物的人物都有這種狀況，若是把目光轉向一般社會，更是廣泛存在著對虐待、屠殺動物無動於衷的人。舉例來說，一九〇九年（明治四十二年）發行、適合國小學童的日記範例文集中，就出現了下列的文章：

睡午覺的時候，臭貓出來，撞倒了洗筆的水，把顏料和畫搞得一塌糊塗。我還沒來得及發火，轉頭一看，臭貓竟然睡在書箱上，我大喊一聲「喂」正想揍牠，小畜生一溜煙的轉身逃走了。我更是怒火中燒，在屋裡追著牠跑，最後終於抓到了。（聽到聲響）妹妹跑過來打開拉門時，我正朝著貓頭賞牠一記鐵拳，那貓崽子發出一聲哀叫……。

如果是現在，這種文章絕不可能被選爲學童適讀的「模範」日記範例吧。再加上大人取向的文章中，虐待動物的記述也頻繁出現。例如：當時著名的散文家大町桂月爲《文藝俱樂部》雜誌撰寫的〈貓征伐〉，就是描寫因爲貓吃了家裡的小雞，千方百計想抓到牠的文章，甚至想出了在貓身上淋汽油點火燒死的點子。現在看來相當殘酷。總之，到了最後，他把貓裝進箱子丟進池塘淹死了。但是從書寫的口吻來看，作者只是在記述一段平淡無奇的日常，並不是有意強調殺貓的殘虐。但是，正因爲如此更可以看得出，對作者，乃至於讀者而言，殺死一隻貓只是不值一提的日常風景罷了（大町桂月〈猫征伐〉《文芸倶樂部》一九〇五年十一月號）。

棄貓的愛貓人

即使是當時人稱愛貓人的人物也能面不改色的棄養貓。例如：作家室生犀星每當搬家時，他養的貓中有一隻每次都會回到前一個家。第三次搬家時，那隻貓回了前一個家，過了幾天才一身疲憊、落魄骯髒的出現在新家。看到這裡，本以為養了多年的貓歷盡艱苦才回到家來，家人們一定是噓寒問暖的好生照顧吧。沒想到犀星卻對家人說：「太髒了……先放個兩三天，再把牠丟了。」家人也無人反對。但是，這隻貓就算是直接丟棄，也還是會回到這個家來。於是犀星居然說：「這傢伙落得跟乞丐一樣，不如綁塊石頭沉入海裡吧」（不過並未實行，而是丟到遠處）。對一隻曾在家裡相處四年的貓，卻能滿不在乎的說出這種話，現在的愛貓人恐怕說什麼都無法理解這種腦袋回路吧（室生犀星〈ねこはねこ〉《花霙》豐國社，一九四一年）。近年來，室生犀星經常被提及其愛貓的形象，但是他在別的文章中也寫下了「貓性格狡猾，而且毫無眞誠之處」「在我家裡，儘管我討厭貓，但女眷們十分愛貓」「歸根究柢，女人的性格中也有像貓一般的狡猾成分，所以同爲狡猾者自然會互相喜愛」（室生犀星〈犬猫族〉前述《花霙》）。室生犀星是否值得稱爲愛貓人尚有議論之處，但是，連本應愛貓的家人都贊成棄貓的行爲，在在表現出當時人對貓的感覺，大大異於現在的愛貓人。

動物醫院的增加

不過，即使是在這樣的觀念中，疼愛貓的人還是在緩緩增加。其中一個表徵，就是診療貓狗的醫院變多了。到明治中期爲止，提到動物醫院主要是以牛、馬爲中心的「家畜醫院」，不過，自甲午戰爭前後開始，開始出現以診療狗、貓爲主的醫院，並且有冠名「犬貓醫院」的動物醫院。一九〇八年（明治四十一年）的新聞報導提到東京家畜醫院的增加，內文寫道：「東京每天多達數百個貧民吃也沒得吃，死也死不了，生了病也沒有藥，可是市內的家畜醫院有三十多所，而且門面氣派，令人嘖嘖稱奇」（〈幸福なる犬猫〉《東京朝日》一九〇八年九月十九日）。但是就算到了一九一一年時，大多都還是冒牌的小醫院，東京的七十家家畜醫院中，具有醫護貓狗之完整設備的醫院，只有五到六家。除了專門服務企業家等名流顧客的醫院外，經營都很困難（卯本庵〈家畜病院〉《牧畜雜誌》三〇七，一九一一年）。另外，即使冠名犬貓醫院，但是帶貓就診的人遠比狗來得少。

再者，夏目漱石一輩子養過五隻貓，第一代和第二代卽使健康狀態極端惡化，也不曾帶到醫院去（第二代在一九〇九年過世）。但是，一九一一年，他第一次帶了貓（第三代）到醫院看診。治療費四十錢，當時一碗蕎麥麵只要三錢五厘的時代，相當於十二倍。打零工的工人日薪五十六錢，所以相較之下還算便宜（週刊朝日編《値段の明治・大正・昭和風俗史》上，朝日文庫，一九八七年）。並沒有貴得離譜，但是考量到當時貓的地位不高，對許多人來說相對較貴。因而，會帶貓去看醫生的人，必須是經濟狀況尚有餘裕，而且對貓的感情相對深厚的人。夏目漱石帶貓去看醫生，也顯示他的內心起了這樣的變化吧（飯島榮一《吾輩ハ夏目家ノ猫デアル》創造社，一九九七年）。

之後，在一九一六年左右的文獻（金金先生《商売百種　渡世の要訣》雲泉書屋，一九一六年）中提到，家畜醫院「近來急遽增加」，而且卽使想讓牛、馬住院，普通的醫院也沒有那種設備，大抵上主治的動物是貓和狗。這段時期，診治貓和狗的醫院成爲主流。但如同前述，貓的診療數比狗少，而且就貓的診療方面，也極少進行臨床檢查（採取血液、尿、糞便、體液、組織等去分析）。大多數都是只檢查症狀進行診斷。原因在於獸醫本身不太具備貓的知識，必須等到戰後高度成長期以後，正規的貓醫療才普及。

動物墓園的誕生

這個時期人們對動物態度的變化，除了表現在動物醫院的增加，還有動物墓園的設立。從江戶時代以前開始，並非沒有爲貓狗設墓的例子，但一般來說，會埋在草原或樹下，不會豎立墓碑，也有人會放水流走。以前也有供奉動物的回向院，但是這種寺廟屬於例外，並沒有動物專用的墓園。

但是，明治後期之後出現了動物專用的墓園。大塚西信寺的住持中村廣道在一九〇九年（明治四十二年），與回向院住持本田淨巖共同規畫發起東京家畜埋葬株式會社是爲肇始（〈東京家畜埋葬株式会社〉《東京朝日》一九〇九年六月二十日）。後來，中村與回向院及警視廳商談之後，設立上東京家畜埋葬院，靠著東京各寺廟七十五名人士提供的援助資金，在府下北豊島郡長島村字水道向的三千坪土地開闢埋葬地（中村廣道〈東京家畜埋葬院と其檀家〉《生活》一九一七年七月號、〈家畜埋葬地の新設〉《讀賣》一九〇九年十二月二十四日）。

據中村的記述，當時市內一旦動物死亡，民眾便隨意丟棄，不但看著悽慘可憐，而且還會散發惡臭，又或是把貓狗的屍體丟入河裡或溝渠，慘不忍睹。不論是參照佛家輪迴的思想，或是基督教靈魂的說法，都不應草率對待生物，因而中村才開闢了墓園（胡蝶園〈如是畜生発菩提心

（犬貓家畜埋葬院）〉《文芸俱樂部》一九一〇年五月一日號）。創立後，來自各地的葬儀申請如雪片般飛來，在設立後未滿一百日的新聞報導說，一個月平均有六百到一千隻的申請，不只是山之手地帶，連下町也有大量的申請湧入（〈犬貓的大法會〉《東京朝日》一九一〇年二月十六日）。

畜類一大追悼會

後來，東京家畜埋葬院爲紀念墓地埋葬數超過三百隻，規畫了供奉動物的大法會，於兩國回向院與日俄戰爭中死亡的軍馬七年忌同時舉行。這場追悼會是爲所有生靈，包含意外死亡的無主動物祈福所舉辦。在徵求有養狗的大隈重信和前述在貓展中參展的伯爵酒井忠興等顯貴名流、諸多名門的贊同之後，與動物愛護會、東京獸醫會協商下，一九一〇年（明治四十三年）四月十七日，在兩國的回向院舉辦大法會，由增上寺住持堀尾大和尚爲首座，各檀那寺[2]的住持共同參加。

來賓中，人稱獸醫始祖的深谷周藏等多位獸醫坐了一整排，不時互相談論對馬的同情論：「日俄戰役中，造成許多馬匹死亡，然而政府儘管對各人賞賜恩典，但軍馬雖是畜生也是光榮戰死，可是時至今日已經過了七年，卻還是沒有任何慰問，實在太不公平了。」也有愛狗的來賓說起自己養的狗是多麼忠義的故事：「猴子狡猾，貓缺少智慧，唯有狗最爲溫順忠義。」另外，養貓的飼主則談些：「妾家的貓是隻三花貓……牠眞的非常溫柔，每到夜裡就會鑽進妾家的被窩幫我暖腳」「人說貓死前會藏起來不讓人看見是騙人的，我家的貓死時，喵喵哭著爬到我腿上才斷氣」等懷念的話。但是，報導這則新聞的報紙，卻帶著嘲笑的口吻寫下：「眞沒想到所謂犬貓迷這麼瘋狂。但是從本堂出來時，一隻黑狗搖著尾巴，盯著供桌上的水果，好像在說：『我也好想去死』」（〈牛馬犬猫して余栄あり〉《東京朝日》一九一〇年四月十九日）。從這份報導的態度，可以知道民衆對「犬貓迷」的奇異眼光依然根深柢固。

陸續誕生的動物墓園

在東京家畜埋葬院之外，一九一五年（大正四年）以前，三河島好像就有個動物墓園，為日本家畜葬儀社開設的萬畜院。西園寺公望的愛貓，以及久邇宮和大隈重信、寺內正毅、澀澤榮一、新渡戶稻造等人的愛犬都葬在此院。這個法會的參加者中多爲上流人士（〈家畜の爲めに〉《東京朝日》一九一六年九月二十四日）。

2 譯注：爲日本寺廟中，埋葬祖先遺骨，代代歸依的寺廟。

大正中期，社會對動物墓園的需求愈來愈大，雖說主要需求者還是上流階層。一九一七年九月二十四日的《東京朝日》報導說，近期有很多人向小石川的東京家畜埋葬院提出申請，爲動物舉行比擬人類的葬禮，其中不但有貓狗，連蛇或青蛙都有（〈文鳥や河鹿のお葬式〉《東京朝日》一九一七年九月二十四日）。三河島的萬畜院後來到了昭和初期，因衛生上的原因，遭到警方強迫停止營業。一九二九年（昭和四年）東府中成立了多摩犬貓葬祭株式會社犬貓埋葬墓地（小川哲男〈犬貓族墓地繁盛記〉《旅》二五—九，一九五一年）。一九三五年，板橋區舟渡也開了一家東京家畜博愛院，動物墓園慢慢增加。

據報，動物墓園始祖西信寺的家畜埋葬院，一九二二年處理的數量已累積超過十萬隻，各皇族、貴族都會派人參加每年已經變成慣例的紀念追悼會（〈有縁無縁の畜類追善供養にけ各宮家からお使ひ〉《讀賣》一九二三年三月二十二日）。之後，由於墓地日益狹窄，昭和初期搬遷到大泉，更名爲西信寺別院大泉靈園，設有動物專用的禮拜堂、佛堂、休息室、管理室、慰靈塔、地下納骨堂、專用墓地、重油燃料火葬設備，完善周到的程度，甚至被報導「無微不至近乎奢侈」。但是，當時的雜誌報導對如此充實的設備以批評的角度說：「周到到這種地步，令人覺得精神不太正常。」此外，按一九三七年時的價格，與其他動物共同火葬稱爲「普通火葬」，大型犬四圓五十錢、中型犬三圓、小型犬貓二圓、幼貓一圓五十錢；個別火葬、埋葬稱爲「特別火葬」，大型犬九圓，中型犬七圓、小型犬貓五圓。而火葬之外的搬運費，一隻五十錢（〈犬猫が人間以上に葬られる〉《經濟マガジン》一九三七年七月號）。當時人類的葬儀費行情爲五十到六十圓，臨時工的日薪是一圓四十三錢左右（週刊朝日編《値段の明治・大正・昭和風俗史》上・下，朝日文庫，一九八七年）。

人與動物的分別

如同上述，動物，尤其是作爲寵物的貓、狗，其地位確實變得比以前更高，人們甚至開闢了專用墓地。但是如同有些新聞將它報導爲精神不正常，一般社會大多不認同這種對待動物的方式也是事實。從中也可看出與狗相比，貓的埋葬數相當少。當時人們對狗的重視遠遠多過貓。

此外，以動物墓園的形式，闢建專門埋葬動物的墓園還有一個意義。創設東京家畜埋葬院的中村廣道說：「普通的寺院墓地應該是埋葬人類的處所，極爲神聖⋯⋯如果把禽獸的屍體埋葬在該地，即使將它火葬，成爲一片遺骨，但是人畜遺骨混雜，會玷污人們墳墓的神聖。」他表示爲了這個原因，才另外闢建動物墓園（前述中村廣道〈東京家畜埋葬院と其檀家〉）。也就是說，另外開闢墓地是因爲不能與人類葬在同一處所，這也是人們還保留著動物比人類低等的觀念所致

（人類與動物合葬場所出現於戰後高度經濟成長期以後）。大正中期，在報紙刊登文章連載美國社會見聞錄的成澤玲川談到，美國人對待寵物猶如朋友，然後話鋒一轉說：「日本人對人畜區別嚴明，宛如君臣之別」「（動物）是家中小少爺的隨從，乃是桃太郎以來的規則」（成澤玲川〈米國物語（七）〉《東京朝日》一九一六年十二月五日）。那時還是人與動物之間階級嚴明，寵物並未被視爲社會、家族成員的時代。

震災、戰爭與貓

關東大地震與貓

一九二三年（大正十二年）九月一日發生關東大地震，它成爲昭和恐慌，[3]以及邁向戰爭的時代轉捩點。在大地震、後來的昭和恐慌和戰爭期間中，貓經歷的苦難和人相同，甚至比人類更多。

圖26是池邊鈞所畫〈倖存下來的貓〉（生き残つた貓），收錄於當時的地震紀錄畫集。焦土

上的棚屋旁曬著衣服，白貓佇立在一旁（《日本漫画会大震災画集》金尾文淵堂，一九二三年）。如同標題，畫的是一隻從地震中死裡逃生的貓。

儘管留下大量的震災紀錄，但是關於貓、狗記述的書卻很少。與日本東北大地震時，出了許多受災地動物相關書籍的現象大不相同。其中，宮武外骨的《震災畫報》是少數也描寫到貓狗情狀的文獻。其中有段記述：「大量避難者

圖 26　池邊鈞〈倖存下來的貓〉（《日本漫画会大震災画集》1923 年）

3　譯注：第一次世界大戰後景氣蕭條，再加上大地震的發生，許多中小銀行經營狀況惡化，形成金融危機，甚至臺灣銀行也受到波及，被迫停業。

中也有人一個家當也沒帶，只抱著貓或狗悄悄獨行。那是一股出自平日對動物的感情，即使是畜生，也無法眼睜睜看著牠們燒死的人情。」

但是，多數人都是生死交關，只剩身上的衣服撿回一命，不可能特地帶著貓逃命。宮武外骨敘述「無主的犬貓在燒毀的市內大量繁殖」，但是震災後，連人類的孩童都遭恣意遺棄，所以「這種時候更不可能顧到貓。被遺棄在主人家的犬貓都是沒有理智的畜生，很多在迷路時被大火燒死，犬貓的焦屍橫臥在四處已經燒毀的遺跡或路旁。而殘存的街區中仍有很多徘徊的犬貓，主要原因就和拋棄愛子的父母一樣，爲了怕給投奔的親戚家添麻煩，不得已丟棄的吧」（宮武外骨《震災畫報》第五冊，半狂堂，一九二四年）。許多的貓被燒死，而死裡逃生的貓也大多被飼主拋棄。不難想像人們相當抗拒避難之後，還要飼養鄙視爲「畜生」的寵物。池邊鈞描繪的貓，很可能就是這種被棄養的貓。

地震發生時的悲喜劇

不過，在這種危難中還是有人繼續養貓。愛貓的劇作家水木京太寫到，在地震後「日比谷公園的棚屋連與鄰居的隔牆都沒有，卻能看到悠哉安睡的貓兒身影」。似乎是人們在棚屋裡養的貓吧。

另外，震災的軼聞集裡描寫了一位遠近知名的「貓婆婆」，她名叫藤本榮久，住在本所區石原。榮久婆婆在大地震發生時，所有家具棄之不顧，將四隻愛貓繫在自己的腰帶上，兩隻幼貓裹在編織的包袱巾抱在懷裡，到本所成衣廠舊址避難。但是這個本所成衣廠，卻受到災民帶來的財產器具不愼起火波及，形成巨大的火災旋風，最後造成三萬八千人死亡的慘劇。「貓婆婆」雖然撿回一命，但是大腿和眼睛都受傷，繫在腰間的四隻貓也都死了。

之後，榮久婆婆被收容到日比谷第一中學，只有她一人絕口不吃任何食物。有一次，醫師坐在榮久婆婆身邊，想幫鄰座的重症患者施打強心針，卻見她眼前的包袱動來動去。榮久婆婆把包袱抱在懷裡，拼命抵抗不讓人看。但最後還是被搶走打開了。哭號的婆婆面前，出現了兩隻可愛的小貓正在玩耍。原來裹在包袱裡的兩隻貓活下來了。一問之下才知道，這兩隻貓是一位有錢的寡婦所有，臨終時託孤給了好友榮久，據說，那位寡婦將自己擁有的三間房子作爲交換條件。婆婆不吃東西，是爲了分給小貓吃，至於不想讓人看包袱，可能是怕救助貓兒會遭到指責吧（荒野耕平編《震災ロマンス》誠進堂書店，一九二三年）。這則故事也出現在其他教育用書籍（但是老婆婆的名字略有不同），看起來應該是眞實故事（內外教育資料調查會《教育資料　大震大火の美談と惨話》南光社，一九二三年）。

增上寺的追悼法會

震災之後，增上寺舉行了祭祀動物的追悼法會。這是新橋的三味線師傅池村赤子（田邊蓮舟之女，三宅花圃之妹）爲了無人供奉的受難者、「爲數衆多燒死的牛馬犬貓等動物」提出的構想。後來獲得早稻田大學，和當時著名的千金學校「跡見女校」的贊同，在學生的協助下，用販賣名爲「復興箸」的年糕湯筷等籌措經費，讓計畫順利成立。關於供奉的動物，如果能用明信片告知死去動物的名字或法號，可享免費奉祀。於是，一九二四年（大正十三年）一月十二日，在朝野名人與學生的參與下，召開了大法會，發起這個企畫的池村赤子非常熱愛動物，有「愛護動物狂」的暱稱。召開這個大法會時，也獲得日本人道會的巴奈特協助，是一項與本章第一節提到的愛護動物一脈相承的活動（〈池村あか子さんが死者と動物の供養〉《讀賣》一九二三年十二月十一九日、〈持つて生れた慈善狂〉《東京朝日》一九二四年一月十三日、〈日米婦人が動物愛護〉《讀賣》一九二六年四月七日）。

正規動物庇護所的誕生

池村赤子後來與巴奈特繼續爲愛護動物運動而努力，發起建立「動物養老院」運動，收留被棄養的貓、狗、牛、馬等（〈バーネット婦人が動物愛護で池村あか子と提携〉《讀賣》一九二六年十一月十五日、〈動物の養老院〉《讀賣》一九二七年十一月十三日）。這個計畫並沒有立刻實現，但是靠著巴奈特的努力，一九二九年（昭和四年）六月二日，在鎌倉圓覺寺附近，設置動物愛護慈悲園，占地七百坪，具有收容五百隻狗、一百隻貓的空間，是一所正規的動物庇護所。

最初，鈴木碧翠絲（鈴木大拙的妻子）與管家關口小野子，靠著巴奈特的援助，在位於圓覺寺院內的鈴木府，照顧棄貓、棄狗，並且給予醫療照顧。但是圓覺寺責難她們在禪寺內飼養動物，要求她們離開。而且巴奈特必須隨夫婿調職回美國，於是爲了收拾善後而四處奔走，最後才得以實現（〈生涯、犬猫の母で暮さうと云ふ女〉《讀賣》一九二九年一月一六日、〈産児制限もやる犬ねこのホテル〉《東京朝日》一九二九年五月二四日晚報）。

而且，在巴奈特和日本人道會的努力下，一九二七年五月二十八日到六月三日舉行了「愛護動物週」的活動，是日本最早的愛護動物週（不過，在此之前，一九二三年，動物愛護會舉行過一次「動物愛護日」，但結束之後沒有後續）。此後，愛護動物週活動每年常態化。到了一九三三年起，活動的第二天訂爲「狗與貓之日」，呼籲把「不要的犬貓和居無定所的犬貓」帶到日本人道會的收容所，也呼籲轉讓給想養貓狗的人（〈犬と貓の日〉《東京朝日》一九三三年五月二十九日，〈愛護動物週間〉《東京朝日》一九三五年五月二十九日）。於是昭和初期，動物保護團體也開始爲棄貓、棄犬尋找新主人。這個愛護動物週常態化舉行了十年以上，戰爭爆發後暫時中斷，戰後又重新開始，日期與主辦單位雖有改變，但是仍舊持續到今日。

同情心擴及麻雀

在這種情勢中，顯示出愛護動物的意識正在逐步擴大。一九三六年（昭和九年）十一月，一名圖謀三味線皮的獵貓人遭到逮捕時，新聞用特別報導的方式，把焦點放在沒收的證物不只有貓，還有麻雀（引貓上鉤用）：

> 人類殘忍的欺負我之後，把我丟進豬籠裡，我胸口一緊，但一想到今後他們不會再虐待我，又鬆了一口氣。不過這種喜悅只維持了一瞬間。正當那些掛著配劍的人捉弄著奄奄一息的我時，幾個據稱是報社攝影組的人撥開眾人，強橫地說著「讓牠停在手上」「放在桌上」

等話，一面啪擦啪擦的拍照……我已經連吃顆米粒的力氣都沒有，終於倒下成了一具慘不忍睹的屍體。

新聞模仿麻雀的口氣撰寫，顯示這時期不只是被殺的貓，人們也較多關注到這些可憐的麻雀。明治時代新聞的報導方式，連被殺的貓都不表同情，但相對的，這個時期的報導連用來引誘貓的麻雀都表現出同情，可見以憐憫目光看待動物的人變多了（〈雀のこは泣く〉《讀賣》一九三六年十一月十七日、〈猫釣り雀の子悲しく昇天〉《讀賣》一九三六年十一月十八日晚報、〈閻魔の庁へ出たら無罪にして貰ふよ〉《讀賣》一九三六年十二月十日晚報）。

貓的專業雜誌

一九三五年（昭和十年）七月，「犬之研究社」發行了日本第一本貓專業雜誌《貓的研究》（副標題〈愛貓禮讚帖〉，圖27）。犬之研究社是發行愛犬人取向的書和《犬的研究》雜誌的團體，《貓的研究》是以《犬的研究》別冊的形式出版。由參與《犬的研究》編輯的白木正光主編，愛貓的劇作家水木京太提供了他數十年來收集的貓書，作爲參考資料。在〈世界最進步的英國之貓的科學一斑〉報導中，介紹了根據英國研究的貓身體解說、貓展、使用專用貓舍的飼養法。另外，也刊載水木撰述關於日本貓歷史的文章、貓種類（純種）的解說、飼養方法，還選錄雕刻家藤井浩祐、男爵白根松介的夫人喜美子、畫家藤田嗣治、以收集貓玩具聞名的藝術家河村目呂二等人的散文，內容多元豐富。但是，從當時一般養貓狀況來看，門檻有點高，不可否認它的內容給人並非面對庶民階層而寫的印象。

另外，這本《貓的研究》出版的同時，也提倡設立「貓俱樂部」。依據《貓的研究》裡以〈貓俱樂部創立事務所〉貼出的通知：「雖然愛貓人很多，但遺憾的是尚未成立愛貓人互相聯絡的機關或社交團體。這次趁《貓的研究》出版之際設立貓俱樂部，希望能開辦同好者歡談交流，時而攜貓參加的聚會，同時帶動愛貓熱的氣勢。贊成的讀友麻煩請如後記方式通知本社。若贊成人數達一定數量，將再次具體與各位協議集會細節。」藤井浩祐、小西民治、駒城東一、水木京太、白根喜美子等連署爲發起人。但是，後來俱樂部並沒有實際舉行活動的跡象，需要再等一段時間，才會出現能持續活動的愛貓團體。

貓與狗的人氣差距

《貓的研究》宣稱「第一輯」，似乎有繼續發行的打算，但結果第二輯並沒有出版。一九四〇年（昭和十五年），犬之研究社將《貓的研究》內容中散文的部分刪去，只留下貓種說明和飼養方法，出版成書籍，書名《貓的飼養法》（貓の飼ひ方）。

該雜誌的編輯後記中敘述：「即使如此，奇妙的是一本貓的書都沒出版過。在狗的書如雨後春筍般出現相比，愛貓的各位難道不覺得太淒涼了嗎？」市面有狗的雜誌，爲什麼就沒有貓的雜誌呢？前面提過的《犬貓新聞》也指出同樣的疑問。作爲寵物，狗一向較受歡迎，當時幾乎所有人養的都是現在所謂的「雜種」貓。並沒有商人從外國進口或繁殖特定的貓種。相對來說，狗的

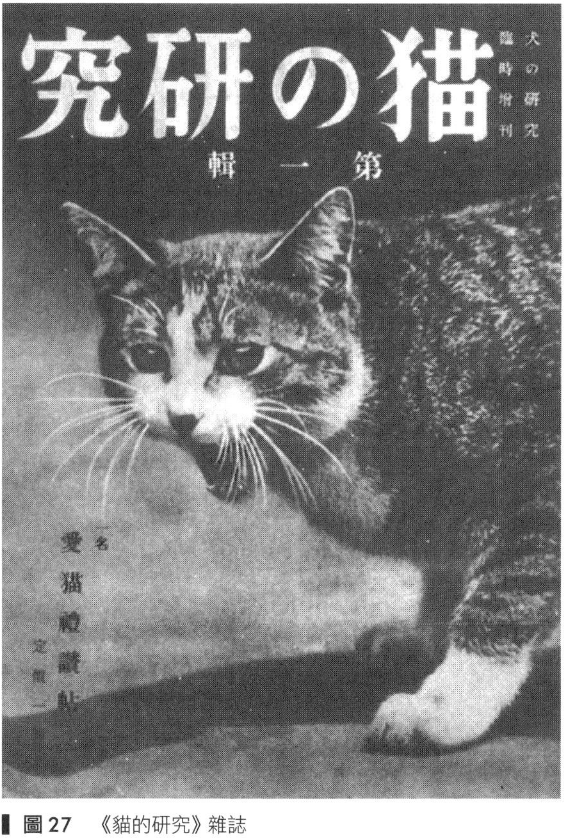

▌圖 27　《貓的研究》雜誌

品種豐富，尋求相關資訊的人也比較多。因此雖然只出了一期，但光是貓雜誌的發行就值得特別記上一筆。

恐慌、戰爭與貓

同一時期，時代一步步朝著蕭條和戰爭之路挺進，陰影也開始籠罩在貓身上。昭和初期的昭和恐慌中，農村（尤其是養蠶地區）因爲米價大跌和生絲出口的劇減，而遭受嚴重的打擊。如同前面提過，過去農村的養蠶地區養的貓比都市多。但是處在不得不連女兒都賣掉的困境中，很多家庭應該連養貓的餘力都沒有。

《貓的研究》出版兩年後的一九三七年（昭和十二年）九月，中日戰爭爆發。開戰三個月，日本軍攻下中華民國首都南京，第二年十月占領中部要衝武漢。但是之後戰爭陷入膠著，日本國內物資益發短缺。這種「非常時期」哪有心力養貓、養狗呢，這類輿論的批評也變得更強。接著，一九四〇年二月十三日帝國議會衆議院預算委員會上，立憲民政黨議員北昤吉（北一輝之弟）甚至有了下面的發言：

近來本議會討論了不少飼料的問題……在德國，此前歐洲大戰中便將犬貓幾乎全部殺光。這些動物只會吃食沒有太大益處……今日眾所周知，世面為皮料缺乏傷神，為糧食短缺傷神，這種時刻若能讓陸軍努力撲殺犬貓呢？……除了軍用犬之外，全面撲殺犬貓，這麼做不但能生產皮料，也可節省飼料。

總而言之，他直抒己見所言的，就是爲了補充飼料的不足，必須撲殺浪費食物的貓和狗。此時，陸軍大臣畑俊六答道：「身爲陸軍，對此糧食政策自然責無旁貸。儘管對軍用犬等多所依賴，但是若將這些犬隻全面撲殺，奪走愛犬人的樂趣，關於這一點是好是壞，應再仔細研議」，駁回了北議員的提案（《帝国議会衆議院委員会議録一一四昭和篇》東京大學出版會，一九九六年）。

雖然中日戰爭已經開打，此時陸軍大臣還有餘力考慮到「愛犬人的樂趣」。在北昤吉質詢的四個月前，某位隸屬大阪府警察部特別隊的人物，寫了名爲〈動物愛〉的文章投稿到一九三九年十月的《警察協會雜誌》，描述昆布商人辻善之助在二十幾年間，爲通過家門前的牛馬提供飼料和飲水池，還收養照顧許多棄貓的故事，讚許他愛護動物的精神，「聽到這個故事，沒有人不爲之動容吧？

這才是眞正默默的珍貴教育、活教材」「如果有更多人以這種仁心幫助世界、幫助人類，這個世界該會多美好」（田島三郎〈動物愛〉《警察協会雑誌》四七三，一九三九年十月一日）。另外，致力於愛護動物的日本人道會理事也以國會中針對北議員的論述爲由，「畑陸相不僅從犬貓之效用，更考慮到愛犬人的立場婉轉答辯，令人欣賞」，於二月十九日拜訪陸軍省，透過大臣官房，呈上「爲無聲動物代言」的感謝狀（〈犬猫に代わり感謝状〉《東京朝日》一九四〇年二月二十日）。

民意勃發

但是，另一方面，責難飼養貓狗的人也日益增加，一九四〇年（昭和十五年）三月底，依據物品稅法及施行規則，爲管制奢侈品，購買金額十圓以上之貓或狗，將課徵一〇%的稅金（《官報》一九四〇年三月二十九日，同月三十一日）。另外，自同月起，東京由於糧食不足，必須在內地米（日本本土產的白米）摻入二成的外地米（進口米，又叫南京米，是劣等米的代名詞）販賣。但是有此規定的原因，據說是「部分沒自覺之徒把外米給犬貓食用，沒有混食」，謠傳甚囂塵上，因而有人再次提出犬貓撲殺論（〈犬猫に累せられる国民〉《祖國》一九四〇年五月號；另外五月時摻雜率提高到六成）。

在這種狀況下，一九四〇年八月，日本人道會取得警視廳的理解，向民眾勸「犬之用途」：

一頭犬的皮可製二雙鞋，從犬肉可取二貫[4]氮肥。光是東京市內一個月有一千五百頭家犬死亡，總計可製造三千雙鞋、三千貫氮肥。如果以全國來說，生產量大概可達到十倍到十五倍……如此處分的話還可以節省經費，一石二鳥。養狗實在是徒然的浪費。（〈犬も死して皮をも残すゾ〉《東京朝日》一九四〇年八月二十五日晚報）

但是，這種反對飼養的理論，是在狗的「屍體」有用這點上做文章，很可能演變成視情況殺之，當作資源使用。當時情勢確實緊迫到只能接受這種理論的狀況。同年十月，雜誌上寫道：「反對撲殺的論據已相當軟弱無力」（〈その後の犬猫問題〉《祖國》一九四〇年一〇月號）。

4 譯注：江戶時代的重量單位，一貫相當於三．七五公斤。

貓毛皮資源化的行動

這種態勢後來帶動了爲國捐貓狗的運動。不過從這場運動之前開始，就已經有將貓當成資源使用的動向。一九三八年（昭和十三年）四月二八日的《東京朝日新聞》報導，面對毛皮不足，農林省山林局主要向農村提供獎勵飼養貓隻，並指導貓毛皮的製作。依據報紙記載，毛皮中的貓毛皮分爲黑毛、三花、雜毛，交易「主要以黑色爲限，用於海軍士官穿的外套內裡。又一般服裝方面，虎斑貓毛皮因用於襟飾，需求量高，也是紡織用摩擦機械的必要素材」（〈家猫の飼育法〉《東京朝日》一九三八年四月二十八日）。但是，此時的獎勵辦法並沒有積極推廣，比起當時飼養兔子製作毛皮的獎勵運動，幾乎未能成爲社會性的話題。再說，這個時間點還沒有出現家庭應該捐獻寵物的意見。

中日戰爭開戰後，農林省提出「羊毛生產力擴充大綱計畫」，一九三八年以後在日滿蒙三國制定緬羊大增殖計畫。但是執行到一半，因爲日本對英美開戰，澳洲進口種羊斷絕，只能前功盡棄（北海道緬羊協會編《北海道緬羊史》北海道緬羊協會，一九七九年）。另一方面，中日戰爭爆發未久，政府呼籲將養兔當成國民運動，卻因爲勞力不足和利潤太低等因素導致失敗。舉例來說，農林省於一九三九年八月一日制定「家兔屠殺限制規則」，通達各府縣。因爲糧食短缺而屠宰家兔供作食用的民眾層出不窮，所以自五月到十月間，原則上禁止屠宰家兔（〈家兔屠殺限制規則公布の件〉防衛省防衛研究所藏《壹大日記　昭和十四年八月》）。原因之一是收購價格太低，即使製成毛皮，利潤也不多。

捐獻、徵用運動的開始

由於家兔無法滿足需求，一九四三年（昭和十八年）發起捐獻、徵用家中飼養之貓狗的運動，並且從北海道開始實施。關於這段過程，西田秀子的研究（〈アジア太平洋戦争下　犬、猫の毛皮供出献納運動の経緯と実態〉《札幌市公文書館事業年報》第三號別冊，二〇一六年）做過仔細的考察。這裡簡單概述其過程，它源自於一九四三年四月，大政翼贊會札幌市分部發起的捐獻家犬運動。進而到翌年五月，北海地方行政協議會上，室蘭海軍首席監督官提議，貓皮同樣可以製作航空軍官的防寒衣，因而決定不止收購狗皮，也購入貓皮，訂定價格爲狗皮十圓，貓皮五圓。

這個運動後來擴展到全國。一九四四年十二月十五日，軍需省化學局長、厚生省衛生局長向各地方長官傳達通牒，除軍用犬、警犬、獲得天然紀念物指定的犬隻與獵犬外，要求家庭飼養的家犬需捐獻、繳納給國家。中央要求務必透過町會、鄰組等，[5]徹底傳達到地區各下級，各地執行半強制的犬隻捐獻和徵用。這份通牒雖然只針對狗，但是有些地區也將貓作爲捐獻及徵用的對象。一九四四年度，光是北海道被處死的貓就達四萬五千隻（雪印乳業史編纂委員會編《雪印乳業史》一，雪印乳業，一九六〇年）。無法確定最後全國到底收集了多少隻貓。

揭露犬貓捐獻的過去

有關犬貓捐獻運動，戰後很長一段時間無人提及，幾乎被大衆所遺忘。直到一九八〇年代，上村英明《汪喵偵探團》（ワンニャン探偵団，白楊社，一九八四年）曝光了這段往事，另外近期也有井上こみち的《狗與貓消失了》（犬やねこが消えた，學習研究社，二〇〇八年）也藉由尋訪調查，揭露許多過去不明的事實。之後，協助井上出書的西田秀子，在前述的學術論文上，仔細調閱公文書，詳盡了解實施的過程。而近年也有愈來愈多報紙等媒體報導這項捐獻運動。

藉著這段揭發的過程，收集了各種立場人物的證詞，像是拋棄貓的人、參與撲殺貓的人等。舉例來說，參與撲殺貓的人的證詞中，許多貓害怕被撲殺而躲到樹上發抖，那景象宛如出現了一棵不斷抖動的「貓樹」。因爲景象太可怕，那個證人驚嚇過度當場昏厥（前述井上こみち《狗與貓消失了》）。在札幌，有人目擊過將貓沉入裝水的汽油桶中溺殺的景象。而在靜岡也有人自述無論如何不想把家貓捐出去，只好抓了棄貓代替繳納的經驗（青木政子〈戦時下悲劇の犬猫たち〉《貓》一九八四年夏至號）。捐出貓的人到了戰後因爲無法保護自己疼愛的貓，而自責多年。此外，承包撲殺貓工作的人也有很多無法忘懷那時的景象，心中一直很懊悔。

放任的捐獻、徵用狀況

再提到這貓狗的捐獻實施狀況，貓狗之間與地區的差別都很大。首先，下令捐獻狗的地區比起貓要多出很多（因爲政府下達的通牒對象只有狗）。而且，即使只就狗來說，不同地區的實施力道也有差距。例如：某位人士的證詞說，東京地區只要求自發性捐獻，但是在疏散地的福島縣，就下令全部交出，令人感覺「難道愈是下層的行政單位，愈強制要求嗎？」（池田ゆき子〈犬を連れて〉生活之手帖編《戦争中の暮らしの記録》生活之手帖社，一九六九年）。

之所以必須捐獻、徵用，並非只出於需要毛皮的理由，大阪府豐中市以空襲時狗會過度激

5 譯注：戰時設立的組織，由町內會將幾戶組成鄰組，鄰組有傳達上意、配給糧食或其他生活必需品、防空防火、資源回收的義務。

動，危害人類爲由，執行沒收家犬行動。此外，中野區鷺宮在一九四四年（昭和十九年）十一月十六日傳閱的公告板上，也將「北九州空襲下畜犬發狂之事實」作爲理由，完全沒提到毛皮的必要性。而且，我們無法查證在北九州空襲時畜犬發狂是否屬實（前述上村英明《汪喵偵探團》）。此外，在八王子市發放傳單要求捐獻，用以建立「犬隻特攻隊」（八王子市鄉土資料館藏）。軍需省與厚生省發出的通告，舉出了增產毛皮、根絕狂犬病、去除空襲時的危害等三個理由。因此，下層單位就會接收到各式各樣的理由。此外強制性的捐獻或是用金錢收購的徵用，在各個地區也有所不同。

《汪喵偵探團》的作者們收集證詞時，發現徵用貓的經驗全都來自北海道。其實其他地區也有執行的事例，但是與狗相比，實施的地區似乎相對少很多，例如：住在鹿兒島的椋鳩十，根據自己的經驗描寫犬隻徵用的繪本《麻耶的一生》（マヤの一世）中，直到最後貓都沒有受害。戰時養貓紀錄也多。例如：英文學者福原麟太郎從一九三一年起養了一隻叫小玉的貓，牠一直活到戰後，在世十七年。福原在一九四五年春，因爲建築疏開，[6]房屋被拆毀，於是帶著貓搬到世田谷的朋友家，他描述當時的情況：

貓也要另外裝進籃子，疏散去那裡，但是我說要帶著貓走，就被人笑了。我心想自己真的那麼奇怪嗎，一面留心路上的行人，果然沒有人這麼做。懼於四月中的大空襲，不斷往市外流出的人群中，有一家的兒子拉著一車家當，老父在後面推，太太在旁守護，當我從她懷中發現一隻悠哉的小貓時，才終於感覺有了夥伴。所以，從世田谷搬到舊市內現在的住處時，我也是把貓放進籃子裡，掛在推車的一角推過來的。

看到行人帶著貓就笑了，沒有一點殺伐的氣氛。只是，絕少看到帶貓的人，反過來說就是表示民衆大多沒把貓帶走（福原麟太郎《貓》寶文館，一九五一年）。同樣住在東京的白根喜美子敍述：「終於戰爭演變成東京空襲，不時聽到各家庭含淚看著愛犬被徵用的傷心故事。不知何時會擴及到貓，令我日夜心驚膽顫。所幸最後貓平安無事」（白根喜美子〈貓〉《愛犬の友》一九五八年七月號）。其他也有另一位人士記述接到在娘家養貓的母親來信，告知對面阿姨哭著看狗被裹在包袱裡帶走，並說「還好我們家的小沙是貓」（田部トシ子〈四〇年を経って〉《貓》一九八

6 譯注：爲避免空襲後大火在城市延燒，因而強行破壞某區建築，開闢防火地帶。

三年立冬號）。

一九四二年的貓徵用

儘管未實施貓捐獻、徵用的地區比較多，但是早期在一九四二年（昭和十七年）時，就已經存在執行貓徵用的證詞。岡山縣讚甘村（現美作市）當時國民學校三年級的小女生，在一九四二年夏天，聽從公所「徵用貓」的指示，將從小一塊兒長大的老貓阿玉捐繳。她敘述，公所的人說「在零下四〇度的阿圖島（Attu）那裡，牠將成爲駐守官兵的外套內襯。是爲國盡忠啊。」小女孩說阿玉太可憐了，求媽媽把牠藏到山裡。但母親害怕「這麼做的話會被憲兵抓去」，便依言將阿玉上繳。後來女孩聽到這件事就躲到神社後面號啕大哭。以後每年到了夏天，女孩就會想起「我家的貓現在怎麼樣了，變成毛皮了嗎？」而且這位女子的父親因爲徵兵檢查未通過，沒有被召集，常常因此感到丟臉，她想父母是因爲對周圍鄰里感到內疚和畏懼權力，所以才會把珍愛的貓交出去吧（〈私の貓〉《每日》二〇一二年八月三日、〈戦争中、タマは毛皮になったのか〉《每日》二〇一五年八月十二日）。

北海道之所以會徵用貓，源頭是從海軍首席監督官在行政協議會上心血來潮的一句話開始。

就徵用貓這件事情來說的話，國家並沒有統一下令執行，各地區實施與否恣意行事，是不爭的事實。不得不在心中浮起問號，最終這項徵用到底是否眞有必要。

不合理的政策

當然，毛皮等衣料的不足在當時確爲事實，但是，隨著美日開戰後，多數駐紮在中國東北部等寒帶地區的部隊轉調到南方，故判斷當時需求量並沒有那麼大。眞有需要的倒是航空用的防寒衣物。日本戰機的生產量從一九四二年（昭和十七年）的八千八

▌**圖 28**　〈踏上征途前的一刻　我海軍年輕老鷹與愛貓戲耍〉（壮図へのぼる朝の一とゝきを愛猫と戯れあそぶ我が海の若鷲《同盟写真特報》1942 年 10 月 8 日〔1906 號〕，〔公財〕新聞通信調查會藏）。1942 年時，新聞還有空間像這樣來介紹愛貓愛犬。

百六十一台，翌年增爲一萬六千六百九十三台，進而到一九四四年又增爲二萬八千一百八十台。的確有必要爲飛行員增產防寒衣物。事實上也有人發現用狗毛皮做的外套，或是外套袖口周邊使用貓毛等例子（前述西田秀子的論文。但是不確定是不是一般民衆的捐獻、徵用）。不過，在另一方面，儘管連衣料配給券都被要求捐獻，但國家並沒有徵用個人擁有的舊毛皮等物品，畢竟前者都還在節約的範圍內。愛國婦人會曾一度發起舊衣的捐獻運動，不過幾乎沒有實行。

而且，歸根究柢物資短缺的原因本身，很大一部分起因於政府政策的失當。換句話說，公定價格設定低到不合理，毛皮因而源源不絕流向黑市才是主因。有關兔皮，前述已提到因糧食不足，民衆相繼宰殺食用。可是遠因還是公定價格過低，而且還有負責養兔的農村婦女與國民學校學生都被勤勞動員，導致生產、出貨量減少的這項因素（前述《雪印乳業史》一）。

在這之上，從北海道的案例來看，毛皮的徵用量未必有根據縝密的軍需量計算。以貓來說，目標定在全道飼養量（十五萬二千九百五十五隻）約一半的數字，未免太過粗糙（前述西田秀子論文）。戰爭結束時，札幌成衣廠裡面放置了大量物資庫存，八月十五日時儲備了防寒外套八千六百〇七件，兔毛皮約十七萬五千片（防衛省防衛研究所藏《昭和二十年度戰用被服出納簿　札幌陸軍被服支廠》）。如果把其他地區也納入的話，儲備量恐怕相當大。

至於被殺的狗方面，當時就盛傳並未將牠們製成皮，而是掩埋棄置在什麼地方（前述上村英明《汪喵偵探團》）。此外，也有幾個證詞指稱警察署後面的狗毛皮堆積成山（川西玲子《戦時下の日本犬》蒼天社出版，二〇一八年）。東京都內參與徵用作業的某男性前警官說，戰後立刻處理掉了，另外某栃木縣男性也證明在附近山裡看到大量犬隻屍體（前述〈戦争中、タマは毛皮になったのか〉）。

話說回來，如果確實需要毛皮的話，本來的做法是建立正常的管道進行養殖。要求國民捐出自己飼養的貓犬應急，並無法再生產，資源也隨之耗竭。從以上種種觀點來思考貓或犬的徵用、捐獻，一定是相當不合理。而被迫接受這種種不合理要求的是貓和狗，以及牠們的飼主。

話雖如此，從國家的觀點來說，正因爲不合理，讓民衆克服這種不合理來協助戰爭才有其意義。在戰時艱苦的生活中，人民的不滿升高，而且對他人的監視和告密橫行。爲《日本犬》雜誌撰稿的石川忠義對於政府以糧食短缺爲由，主張撲殺畜犬的論說，認爲飼主並沒有因爲家有貓狗而獲得特別配給，而是撙節自己的糧食給貓狗，所以即使殺了牠們，配給量也不會增加，進而批評「部分世人的這類指責，出自某些因戰時漸漸緊迫的生活而變得神經質、失去寬裕心靈的人，他們的多管閒事與試圖約束別人與自己過著一樣生活的蠻橫」（石川忠義〈畜犬撲殺〉《日本犬》

一二一六，一九四三年）。這種殺伐的氣氛中，在展現對國家的貢獻度、管制民心、宣洩不滿等各種綜合目的之下，最終走到施行這種不合理政策的地步。

而貓皮的使用並未因爲戰爭結束而立刻消失，戰後的一九四六年度，北海道生產了一萬〇八百二十七片毛皮（前述《雪印乳業史》一）。不過並不清楚這些毛皮是來自持續徵用的產物，還是用別的方法收集而來。

戰時中的貓

那麼，沒有實施徵用的地區，貓兒能過上安穩的日子嗎？作家島木健作在小說〈黑貓〉中寫道：「這兩三年來，在我家周圍徘徊的貓狗明顯增加了，不用說這也是人類糧食狀態造成的影響之一，有些一出生就無家可歸，但是很多是最近才沒了主人的貓狗。牠們全都面貌憔悴，狼狽不堪，曾有主人的更是悽慘。……牠們是爲了翻垃圾來的，可是人類的家裡早已連垃圾都沒有了。」像先前引用的福原麟太郎一般，將寵物帶到疏散地的例子，只是少數，丟棄貓狗的人多不勝數。

另外，這篇〈黑貓〉中描述的是黑貓半夜溜進屋裡偷食物，卻發出吵人的聲響，島木母親將貓抓住殺害的原委。島木希望母親能原諒這隻作風正大光明的黑貓，但是在戰爭中艱難殺伐的氣氛中，「很遺憾的是，我不得不同意偷食物的貓與人類的關係，已轉變成沒有和諧之情的爭鬥。人們很難再像從前那樣，即使被偷拿了食物也能一笑置之。……即使病榻上的我喜歡有流浪貓作風的黑貓，也沒有容忍的餘地」，只好斷了為牠求情的念想。這篇作品也是篇諷刺當下時代充斥著卑屈諂媚之人，想如黑貓一般堂堂正正自立更生的價值早已崩塌的文章。這隻黑貓到底是否真的存在，不得而知。話雖如此，但可以知道此文所描述的戰時氣氛轉變和人們待貓態度的變化，是島木自己深切的體驗（島木健作〈黑猫〉《新潮》一九四五年十一月號）。

尚有其他證詞說明戰爭期間野貓數量的增加。同時代的紀錄還有「發展成大東亞戰爭之後，糧食也從自由主義走向管制性緊縮主義，所以它當然也影響到貓族，除非必要或者熱愛，否則不會養貓，因此野貓的數量不斷增加」「以前看過獵貓人，但現在很少聽到傳聞……因為有更好賺的買賣」。而且，這篇文章的作者住家附近有公營、私營市場，販賣糧食的商品櫛比鱗次，由於老鼠多，愛貓人也很多，因為食物源源不絕，野貓也會聚集過來（井東憲〈群猫図〉《動物文学》八九，一九四三年）。

糧食短缺與貓

農村的棄貓似乎也增多。戰時疏散到農村的政治評論家阿部眞之助提到，過去那個村子爲了對付野鼠，即使母貓產仔也不乏人接手，但是從戰爭中的某段時期開始，有人想到點子認爲將給貓的糧食賣到黑市有賺頭，因而出現了以前沒見過的流浪貓。阿部自己是從都市疏散來的寄居者，不但沒有剩餘的糧食，而且營養失調，身體還長出不妙的腫塊，「即使如此，這些野貓和我們相比，貓兒的模樣看起來遠比我們更饑餓」（阿部眞之助〈猫のアパート〉《文芸春秋》一九五一年十二月號）。

即使是幸運未被丟棄、繼續飼養的貓，「戰爭中有的貓愛吃南瓜。另外也有只吃烏龍麵、麵疙瘩等粉製品的貓。這個時代裡人類也是以這些食物爲主食」（岩田萬里子等《猫の環》日本貓愛好會，一九八三年）。如同這篇文章所顯示，貓兒們不得不忍受平時想像不到的飲食生活。

這種飲食生活中，一時增加的流浪貓後來數量大減。一九三八年（昭和十三年）出生，在東京中野長大的詩人清水哲男，在著作《貓踩過的詩》（猫に踏まれた詩，出窗社，一九九八年）中描述，幼年時在街頭看不到貓。清水自己把原因歸咎爲：一定是因爲糧食短缺，人們把貓吃了。

姑且不論吃貓的案例到底有多少（這一點會在下一章談到），不過在糧食短缺中，貓數量劇減的地區似乎很多。連名古屋也有「淪爲焦土的名古屋，人們勉強才能找到吃的，沒有貓也沒有狗」的證詞（土屋英麿〈東京の猫、名古屋の猫、大阪の猫〉《貓》一九七二年三月・四月合併號）。尤其是都市地帶的貓急速減少。

戰火下的貓

還有許多貓直接受到戰火的磨難。一九四五年一月底，某位少女在放學歸途中，一個開闢來防範空襲大火的空地上撿到黑白貓，很可能是被迫撤離的家庭拋棄的。由於食物短缺，同住的祖母不允許她收養。少女抱著貓躲在雜物間絕食抗議，好不容易才得到首肯。但是三月十日東京大空襲那天，天還沒亮就聽到警報聲大作，少女看到這隻取名「小玉」的貓在坐墊上睡得正香，心想這麼冷的天帶牠出門太可憐，而且過去幾次空襲警報總是馬上解除，便把貓留在屋裡進去防空洞。但是這一天，立刻響起爆炸聲。少女在燒夷彈中不知該往哪裡跑，從此再也沒見到那隻貓，她後來回想：「如果那時候，毫不猶豫的將牠抱出去的話……，即使戰爭三十五年後的今日，還是後悔不已」（鯉沼三子〈戦争と猫〉《貓》一九八〇年立冬號）。戰時與貓一起躲防空洞的回想手記很多，像是「抱著貓兒麻古進去（防空洞）也很費力。即使進去牠也會逃走。……有一次我想抱著麻古逃離火場，但一直抓不到。但是還好屋子沒事。回去發現貓等若無其事、一如往常的睡得正香，讓我大吃一驚」（白根喜美子〈猫〉《愛犬の友》一九五八年七月號）的回想，即使帶貓到防空洞牠也會逃走，或是就此天人永隔，這種例子不勝枚舉。

此外，當時住在築地的女星，日本舞蹈家市川翠扇（三世）留下了證詞說，三月十日東京大空襲時，地區唯一未受祝融的築地小學空地上，「從校舍窗邊到屋頂、教室中，只要是有空地的地方，密密麻麻群聚了數千隻貓，幾乎可以用貓山貓海來形容」「不只是發生大火的築地一帶，也有來自銀座、入船町、明石町，可能是爲了逃避火災聚集到這裡來的吧。」

據說有的貓看到火焰反而飛撲進去，而實際上的確有人目擊到自己養的貓看到住家的熊熊大火，卻往裡面跑（杉本治子〈空襲の夜の猫〉《動物文学》一二九，一九五五年）。很多貓被空襲的大火燒死，或是吸入濃煙嗆死。築地小學的貓群雖然幸運從空襲中逃過一劫，但是，這些貓後來如何沒有人知道。市川翠扇描述「群集到築地小學的貓兒們，絕大多數都在絕望的饑餓中死亡吧。人類自己都泥菩薩過江自身難保的時代，在放眼望去盡是焦土的東京，那些殘存而迷路的貓兒們，恐怕很難找得到可以吃的食物吧。」市川自己也在這所小學找到與自家的貓相似的貓，但母親說「我們哪顧得了貓」，因而什麼忙都幫不上（市川翠扇《猫と私の対話》海潮社，一九七二年）。

戰地、殖民地的貓

出征作戰的軍隊中，也有人在部隊駐防的土地上，把當地遇到的貓當成寵物疼愛，但是多數時候，在部隊移防時就得與貓告別。另外，有些地區由於糧食短缺，也有部隊在戰地抓了貓來吃。

此外，在殖民地或占領地生活的人們中，也有不少把貓等動物當成寵物來飼養，但是戰敗撤退時，絕大多數都只能把寵物留在當地。撤退回來後無人知道那些寵物後來的命運如何。有的貓被當地的人飼養活了下來，但想必更多貓死於饑寒交迫吧。

不過，倒也不是沒有帶著寵物一起撤退的例子。戰後擔任指宿溫泉某飯店經理的人士，戰時在上海養了貓，他說那隻貓十分聰明和聽話，從戶外回家時，會在門口的抹布上擦腳後才進來，而且還會叼報紙給主人。因此，撤退時他不忍心把貓留下，在鄰居等人的協助下，行李通關檢查時，數人接力讓貓逃過檢查員的目光，當發出貓叫時，會故意把附近嬰兒逗哭蒙混過去，靠著這些策略，終於順利帶著貓撤退。這隻貓回國後又活了兩年，十歲左右過世，當時來說算是長壽了

（金崎肇《ねこネコ人間》創造社，一九七三年）。但是，這種例子極爲罕見，同樣想把貓帶回國卻被發現，只好哭著分離的例子應該更多。

如此這般，戰爭在人與貓之間造成了許許多多悲劇。

5

貓的戰後復興與高度成長——貓的「嬰兒潮」

從祕密「吃貓肉」到戰後復興

沒有貓的廢墟

一九四五年（昭和二十年）的夏天，爲人類和貓帶來巨大災難的戰爭結束了。貓在戰爭中數量大減，戰後的一段時間內也一直沒有增加。當時有養貓的某位人士回想：「戰爭之後，我住的街道還有很多人住在防空洞裡。只要有空地，芋頭、番茄、茄子、小黃瓜什麼都種，那時代這附近周圍十分開闊。貓的數量也少得可憐，（家裡養的貓）想要找個看對眼的女朋友都很費勁」

（黑田昭子《猫つれづれ草》日本貓愛好會，一九八二年）。而在一九四六年，適合兒童閱讀的雜誌上刊載的小說中，描述一對從農村疏散地回到東京的母子，看到東京親戚家的貓，驚訝的說：「咦，東京還有貓呀」，顯示在一般人的認知中，當時的東京幾乎沒有貓（及川甚吉〈東京の猫〉《少国民の友》一九四六年五月號）。

一九四八年二月，東京爆發大豆粉中毒事件，爲追查原因而進行動物試驗時，因爲找不到可供實驗的貓，不得不登出廣告以一百圓來收購。同月的物價水準，大瓶啤酒一瓶價格七圓，所以相當於十四倍以上。但是，卽使如此還是收集不到貓（〈猫百円で買います〉《時事新聞》一九四八年二月二十六日）。流浪貓數量豐富的話，應該會出現爲了懸賞而抓貓的人，這也是個佐證當時東京貓數量大減的小故事。

陷於糧食短缺的當下

也有多篇回憶談到，這個時期延續了戰時的狀況，是個「連人們都沒有像樣食物可以吃的時代，小虎（貓的名字）幾乎只能吃味噌湯拌飯，狀況差的時候甚至讓牠吃玉米粉做的麵包」（鯉沼三子《団地の猫》日本貓愛好會，一九七八年）。

戰爭到戰後未久的時期，物資緊缺的狀況下，不但無法製作鞋子，愈來愈多人連修個穿洞的鞋底都辦不到，大家都「忍受著水從鞋底滲進來」（生活之手帖編《戦争中の暮らしの記録》生活之手帖社，一九六九年）。這時候有人開始用魷魚乾做鞋底，雖然穿起來還不錯，但是魷魚的味道吸引了貓或狗聞香而來，成了另一個麻煩。這些小故事比比皆是（花輪莞爾《猫学入門》小澤書店，一九九七年）。

不過，糧食調配比都市豐足的農村，狀況並不像都市那麼悲慘。刊登在當時少年雜誌的小說中，有篇創作故事描寫在東京撿到貓崽，但因爲糧食短缺，只好去鄉下採購食物時，把貓帶著送給當地的農家（江口榛一〈猫を捨てに〉《小学三年》一九四九年五月號）。圖29是當時刊登在勞動工會會刊上的圖畫，標題爲〈貓的世間百態〉（猫ノ世相，東武勞組會刊

▌圖29　〈貓的世間百態〉（東武勞組會刊《進路》1947年6月特別號）

《進路》一九四七年六月特別號），農民的貓因爲吃大碗白米胖了，東京的貓吃番薯麵疙瘩所以瘦了。農村的糧食供應比都市更爲富足，貓的數量也不像都市裡那麼少。政治學者石田雄就提到，自己挨餓受苦時，到一同參加丸山眞男專題討論會的朋友家作客，朋友當時住在草加（爲水田地區），看到他家的貓吃白飯大吃一驚，感嘆說：「眞想變成他家的貓呀」（石田雄《一身にして二生，一人にして両身》岩波書店，二〇〇六年）。

而在這種糧荒的狀態下，有人爲了多拿一點配給，竟在鄰組的證明書上塡寫已死家人或家貓的名字，想藉此多分配到一點。一九四五年（昭和二十年）十一月二十八日的《朝日新聞》報導，光是東京都內，這種「幽靈人口」便高達四萬人，「更嚴重的還有把貓以人的名字『木村玉子』來取名」（〈一日八十四石平げる都の幽霊四万人　猫も人間にして登録〉《朝日》一九四五年十一月二十八日）。相對的，有些地區因爲糧食不足，則延後對有養狗或貓的家庭的配給。「大阪東淀川區一帶的配給所，認爲養雞、犬、貓的家庭有剩餘糧食，宣布『延後配給』，引起大恐慌」（〈犬のゐる家は後廻し〉《九州タイムズ》一九四六年六月十六日）。

吃貓肉的人

戰時到戰後這段期間的糧食匱乏之中，也有人吃貓肉。前面說過這個時期貓的數量減少，存在吃貓肉的人可能也是原因之一。

其實，從江戶時代就有少數人在吃貓肉，江戶時代多本書籍中講述貓肉的功效，很可能是與當時人的觀念中，貓與生俱來的魔力和靈性印象相連結。到了明治時代雖然已不再當成藥物攝取，但是也有人把貓肉當成一般食物。例如：在西南戰爭時，於熊本城籠城的官軍苦於缺乏糧食便吃了貓肉；夏目漱石《我是貓》當中有一幕，貓主角也敍述那些稱爲書生的人，是人類中最野蠻的種族，聽說會把我們（貓）抓去煮食。昭和初期寫的散文裡也提到：「（吃貓肉）在貧民階級或某些地方，並不是什麼稀奇的事。」尤其在戰前，有失業者在京濱國道上撿拾貓屍體來吃。另外東北地方也有人在貓通行的路上設置陷阱來抓小偷貓，再把牠吃掉（秋田德造〈夏目漱石の『貓』と食物〉《栄養の日本》一九三八年六月號）。

有些鄉土料理也會使用貓肉。例如：岐阜縣吉城郡船津町（現飛驒市）就有「烹調貓肉，將肉切細，和飯一起煮的料理」或「貓肉火鍋」等鄉土料理，後者「用蔥和其他蔬菜一起烹煮食用，所以，味道相當清淡，有點類似雞肉」（時任爲文〈鳥飯とオシヤマス鍋」〉（《飛驒白川鄉異聞》

鄉土資料調查會，一九三三年）。貓肉火鍋也多稱爲「おしゃます鍋」，源自於江戶時代傳唱的歌謠〈是貓啦、是貓啦（貓之舞）〉（猫じゃ猫じゃ〔猫の踊り〕）的歌詞「你說是貓啦、是貓啦」（猫じゃ猫じゃとおしゃますが）。而沖繩也有貓肉湯的料理「貓湯」（マヤーのウシル，爲沖繩方言），據說專治肋膜、支氣管炎、肺病、痔瘡等。其他用貓肉的藥膳也很多（渡口初美《沖繩の食養生料理》國際料理學院，一九七九年）。一般貓的料理似乎都強調有滋補養健、增強精力的好處。

《生命的初夜》中吃貓肉的體驗

作家北條民雄因罹患痲瘋病，一九三七年二十三歲時就結束了短暫的人生。他根據自身體驗撰寫的小說《生命的初夜》（いのちの初夜）中，就有與醫院夥伴抓貓來吃的紀錄。即使只用了糖和醬油來煮就「美味極了」「肉質鮮嫩，類似兔肉，與牛、馬、或豬肉等不同，最難得的是油脂少……所以也很適合牙口不好的老人呢，忍不住邊吃邊這麼說」（北條民雄〈貓料理〉《生命的初夜》創元社，一九三六年）。但是有關貓肉鮮嫩這一點，也有人說：「我在求學的時候，死黨裡有個暴力的傢伙打死了一隻貓，叫我們吃肉。是貓肉壽喜燒，我記得冒出大量的泡泡，而且肉質乾柴」（木田雅三《性を強くする法》三洋出版社，一九六一年），認爲貓的肉質乾柴的證詞很多。貓肉又叫「罔鰒」，因爲「肉質韌，嚼不爛這一點，與河豚相似。而且貓肉美如水晶，乍看像是河豚，所以才得此名」（多田鐵之助《媚味善哉》北辰堂，一九五七年）。

儘管北條民雄甚至說：「有些人因爲氣色不好吃貓肉進補，說從未吃過這樣的美味，這些人眞是太傻了」「若是今後貓料理也能在社會民衆之間，廣爲傳播就太好了」（前述北條民雄〈貓料理〉），然而現實卻是背道而馳，戰後四家出版社相繼重新發行的《生命的初夜》，不論哪一版都將這篇〈貓料理〉刪去了。

另一方面，很多人由於妖貓或邪貓作祟等觀念，認爲吃貓肉很噁心。「聽說貓會變成妖怪出來做怪，是一種怨念很深的動物，所以，不太有人樂於吃牠的肉」（前述《性を強くする法》）。不時流傳著某人因吃貓肉暴斃，或是遭遇不幸的傳聞。

如同上述，戰前在日本已有部分人士吃貓肉，但並不是一般家庭日用的肉食，大概只有沒食物可吃的人才會吃，或者是特定地區會做成鄉土料理或進補食品來吃的程度。

戰時吃貓肉的情形

不過，戰爭造成了糧食短缺，也使得更多人吃起貓肉。但是，大多是私下偷偷進行。換句話說，不是業者隱瞞自己賣的是貓肉，就是私下的場合，不公開悄悄偷吃。因而在史料上很少留下這種行爲的紀錄。

以掛羊頭賣狗肉的事例來說，一九四一年（昭和十六年）九月，長野縣上田市的業者，將貓、狗的肉加工成火腿和香腸，或者將其生肉假稱牛肉販賣，因而遭到逮捕。這位業者與東京和神奈川的肉品業者合作，建立跨越一府七縣的販賣通路，以低廉的價格出售賺取暴利。帝國飯店、第一飯店、精養軒、雅敍園、新格蘭飯店、晚翠軒、新東京飯店、不二家、銀座宮殿（銀座パレス）、須田町食堂等一流飯店或餐廳也都向他們進貨，推測應該已有相當多人吃下肚了（〈犬猫の肉を売る」〉《朝日》一九四一年九月二十三日）。這種事其他地方也不乏事例吧。

個人經營的食堂等，也有偷偷使用貓或狗肉的案例。舉例來說，一位作家在戰爭末期聽說有人偷偷在停業的西餐廳賣串燒，於是立刻隨父親去那家店，久違以未必便宜的價格大快朵頤一番。飯後，父親想去小解卻走錯進了廚房，在那裡的垃圾桶看到了數十個應該是貓的頭蓋骨（相澤數生〈猫を食う〉《鶏友》六六七，一九九三年）。

散文家佐藤垢石在一九四四年三月，因為疏散回到故鄉。但由於沒有配給肉類，便去抓蝗蟲來吃。於是佐藤垢石的老友說，既然連蝗蟲都能吃，我教你吃個更好的肉，便推薦他吃貓肉。佐藤垢石的妻子連聲反對：「會作崇個十代、甚至二十代」「太可怕了」，但是如果餓死就什麼都沒了，最後還是決定吃。朋友帶來的生貓肉有著「雖然像雛雞的肉，但又像河豚生魚片」的外觀。一開始煮壽喜燒，融入味噌調味，不過有一股腥味，不怎麼好吃，於是「放進鍋裡川燙，為了去腥，還連同兩隻杉木筷子放進鍋裡。沸騰之後，撈至竹篩，用清水沖洗。另起一鍋，放進芋頭的莖、菠菜煮一鍋清湯，然後加入川燙的貓肉，再點火煮沸，舀在碗裡，淋一點橙醋調味。這便非常美味。湯面泛著少許油脂，肉質嫩而甜像鯽魚，味道濃郁，風味近似羊肉」（佐藤垢石〈岡鯐談〉《續たぬき汁》星書房，一九四六年）。

說個題外話，愛貓作家豐島與志雄曾問寫這篇文章的佐藤垢石，貓肉真的好吃嗎。佐藤垢石回答：「真的好吃，美味極了」，據說豐島回應：「那太可悲了」「您寫文章宣稱貓肉刺身好吃，若是世間流行起吃貓肉，我實在很擔心我家的貓有一天也會被吃貓黨抓去祭五臟廟吧」（佐藤垢石《河童のへそ》要書房，一九五二年）。

戰後吃貓肉的狀況

戰後，這種吃貓肉的行為不但沒有停止，反而更加擴大。許多人從戰地或殖民地撤退返鄉，其中不少士兵在戰地都有吃貓肉充饑的經驗。而且在糧荒狀態日益嚴重，黑市明目張膽變得繁榮的背景下，將貓狗的肉冒稱其他獸肉販賣的肉鋪到處橫行。也見過這樣的新聞：「最近廣島市某地區，將相當大量的牛肉賤價脫售，主婦們買得眉開眼笑，但是牛肉放在鍋裡燉煮，攪拌了一會兒，突然有貓耳朵浮了上來。嚇得魂飛魄散的主婦，立刻奔去報警。不過這段時間都看不到貓狗的影子了」（〈波〉《中国新聞》一九四六年五月二十一日）。

當時，很多人在戰爭中失去了家園，以公園車站為家。大分縣別府市有人目擊作證，聚居在公園的人會吃貓肉，因此養貓的人都用繩子繫住貓，不讓牠們出門（松井明夫〈九州の旅から〉《棋道》一九四七年三月號）。此外，新聞報導在長崎縣，就算缺乏牛肉也不在乎，因為人們流行起吃貓並叫牠「庭兔」，相當熱中此道（〈牛肉不足もドコ吹く風〉《長崎民友》一九四八年五月五日）。政治學者橋川文三也說，戰後糧荒的時期，和朋友一起吃過貓火鍋和狗火鍋（神島二郎等〈座談会若き日の橋川文三〉《思想の科学》一九八四年六月臨時增刊號）。

混入貓肉的謠言

戰後世態紊亂，當時的人廣泛都有一個共同的懷疑：黑市流通的肉含有來路不明的肉，會不會自己無意間把貓或狗肉吃下肚？這件事後來衍生成各式各樣的謠言四處流傳。

二十幾年後的石油危機時期，速食店的漢堡裡混入貓肉的謠言四處流傳，大量電話湧進東京都衛生局，甚至有人直接打電話到美國總部，引起軒然大波（〈一大デマ「M社のハンバーガーに猫の肉が入っている」の伝わり方」〉《週刊文春》一九七三年十二月二十四日號）。這段時期會有這種流言的背景，應該是民眾對於許多連鎖店快速擴大，但是卻連經營者和廚師是誰都不知道而感到不安。事實上，同時期全世界也流傳了其他相似的謠言，但是其他國家大多是謠傳混入蚯蚓肉（有人說可能因爲做漢堡肉的絞肉看起來像蚯蚓）。日本謠言的一大特色是混入貓肉，而貓肉傳聞不脛而走的原因之一，應該是人們理解眞相的意識中，認爲自己在戰後混亂期間可能吃到貓肉的那段記憶，有著幾分眞實性的緣故。

洋貓進口

如上所述，戰後有的貓被吃掉，但同一時期，也從外國輸入了爲數眾多、備受呵護的室內貓，牠們是美國駐軍家庭帶進來的暹羅貓、波斯貓等「洋貓」。暹羅和波斯都是亞洲的地名，這些所謂的「純種」貓是經由歐美的養殖業者進口而來，所以稱爲「洋貓」。

這些貓從明治時代就已經進入日本，例如：青木周藏、桂太郎等都養過暹羅貓；時間進入昭和以後，身爲軍人齋藤實與東條英機、作家大佛次郎等人也養暹羅貓，另外，前一章介紹的，福原麟太郎帶到疏散地的貓是波斯貓，其他如作家谷崎潤一郎、官員白根松介與喜美子夫妻等，從戰前就在養波斯貓。特別値得一提，東條英機似乎本來並不喜歡貓，一九四一年（昭和十六年）時，從他人處受贈了一隻暹羅貓後，突然變成愛貓人。但是，軍人覺得讓人看到他對小動物動心很丟臉，「表面上裝著不在意，但忙碌進出官邸時，不忘向家人詢問貓的狀況，連食物和飲水都一再提醒」（平岩米吉〈猫の珍しい記録「一」〉《動物文学》一六九，一九六六年）。

極少數人養的洋貓，戰後漸漸大範圍擴展開來。當時，美國正流行飼養暹羅貓，所以養暹羅貓的駐軍家庭相當多（後來基地所在的座間市，設立了美國暹羅貓團體——美國暹羅貓俱樂部〔American Siamese Cat Club, ASCC〕）。於是暹羅貓的風潮透過駐軍的朋友、朋友的朋友，也影響到日本人。後面也會提到，一九五五年，日本暹羅貓俱樂部成立，到了一九六〇年代，源源不斷引進喜馬拉雅貓、阿比西尼亞貓、美國短毛貓等過去日本沒有的外國品種貓。

但即使如此，在一九五五年以前，東京街頭的貓極少見到外國品種，偶爾看到綁著牽繩散步的暹羅貓，路人還會問飼主：「那是什麼動物？狗嗎？狸貓嗎？」（柿內君子〈シャム貓〉《愛犬の友》一九五八年九月號）。

貓的戰後復興

一九四八年（昭和二十三年）十一月，開始增加主食配給，翌年四月廢除蔬菜管制等，糧荒狀況漸漸有回穩的徵兆。同年六月啤酒館解禁，都內的飲食店重新開張。在這種氣氛中，貓的數量急速增加，雖然比人類晚一點，但貓也迎來了嬰兒潮。不過，與人類最大的不同在於，這未必意味貓的幸福，而這波嬰兒潮持續擴大到高度成長期之後。

糧食緊張狀況比較緩和的北海道，從一九四八年左右就看過報紙投書寫道：「近日走在街頭一定會看到棄貓，幾乎可以說屢試不爽的地步」（〈捨ネコ偶感〉《北海道新聞》一九四八年九月二十六日）。這位投書人還說：「至少找個隱密的地方丟棄，或是一出生就把牠浸水淹死算了。希望這些人至少有點愛護動物的意識。」從現在的眼光來看，這哪裡算是愛護動物？但是當時有這種觀念的人還是很多。

另外，在一九五〇年七月，東京也看得到這樣的投書：「近日，聽說到處都看到棄犬、棄貓。……小孩子觸目所及，卽是小動物餓死的樣子，實在太可怕」（〈捨犬と捨ネコ〉《朝日》一九五〇年七月二十七日）。

還有很多人不是棄養，而是把剛出生的貓害死。例如：知名的愛貓人木村莊八，在日記〈以筆帖〉一九四九年四月二十日的記述：「最近家中的貓相繼產子，小布四隻、梅可四隻，先處理掉其中五隻（殺掉），剩下三隻，但是時至今日都被那隻虎貓戰犯給吃了。今天我和那隻戰犯貓搏鬥之後，也把牠殺了」（《木村莊八全集》第八卷，講談社，一九八三年）。另外，幼貓被野狗咬死的案例也非常多。

從棄貓的相關新聞報導可以觀察到，一九五〇年代貓的數量急速增加，應該是膨脹到比戰前更高的數字。但是，這也意味著幼崽死亡或被人類殺害的貓也增加了。

水俁病與貓

經濟復興雖然滋潤了人們的生活，但也破壞汙染國內的自然環境，而貓也成了受害者。戰後的公害病代表首推水俁病，最早它被稱爲「貓舞病」，就是因爲最先受害的是貓。一九五〇年代初期開始，出現貓有異常行爲和異常死亡的事件，某位女士（後來女兒罹患水俁病）去海邊採海螺和牡蠣，目擊礁岩底下有好幾隻貓死在那裡，剛開始還以爲「是誰放了比貓靈吧」（原田正純《水俁・もう一つのカルテ》新曜社，一九八九年）。第三章談過貓經常被老鼠藥害死，這位女士很自然會這麼想。

在官方證實爲水俁病之前的一九五三年（昭和二十八年）到一九五六年，水俁灣周邊九個村落（一百〇八戶）飼養的一百二十一隻貓，共有七十四隻暴斃。尤其是如果限縮在出現病患的四十戶的話，飼養的六十一隻貓中，有五十隻死亡，死亡率非常高（有馬澄雄編《水俁病》青林舍，一九七九年）。而水俁市月浦茂道等村落，貓兒甚至來到滅絕的地步（〈あわれ水俣のネコ〉《朝日》一九六八年九月九日）。

後來也是對貓進行動物實驗，才用科學證明這些公害病的起因來自工廠排水。熊本大學醫學院與新日本窒素肥料（現在的窒素株式會社）水俁工廠附設醫院，都進行過追查原因的動物實驗，其中又以水俁工廠附設醫院院長細川一主持的「貓四〇〇號」實驗最爲有名。細川團隊在一九五九年七月以前，進行過約三百隻的貓實驗，得出化學工廠的廢水最爲可疑的結論。熊本大學依據貓的實驗結果，發表原因出在有機水銀的理論後，細川也開始進行向貓餵食廢水的實驗。用於這項實驗的貓三九八號和貓四〇〇號兩隻貓，每天分別注射二〇〇C.C.的聚氯乙烯廢水和乙醛廢水。三九八號在十一月三日出現全身衰弱，四日宰殺，而四〇〇號於十月六日出現水俣病症狀（二十四日宰殺解剖）。之後，又進而對九隻貓進行同樣的實驗，除了兩例有全身衰弱外，其他七例都出現病狀，證實原因就是工廠廢水。細川於一九六二年三月辭去水俣工廠附設醫院的職務，一九七〇年出席水俣病審判的法庭，擔任證人陳述證詞，主要就是報告貓四〇〇號的實驗內容（前述有馬澄雄編《水俣病》）。

圖 30　水俣病實驗用的貓籠（作者於水俣病中心相思社拍攝）

圖 31　水俣的貓墓與實驗貓的牌位（作者於水俣病中心相思社拍攝）

到了一九六〇年代中期，第二次水俁病在新潟市阿賀野川流域被發現。那裡的貓從十多年前就出現典型水俁病症狀而暴斃，後來爲了鎖定原因而進行調查實驗時，也利用和宰殺了許多貓。

貓文化的興起與貓的社會問題化

日本貓之會、日本貓愛好會的成立

在水俁病導致貓暴斃的一九五〇年代中期，東京相繼成立了幾個愛貓的團體。最早的是一九五四年（昭和二十九年）七月七日由前田美千彥等設立的「日本貓之會」（日本ネコの会），並在一九五七年開始發行會刊《貓》（後來改爲《ねこ》）。但是後來創立人前田美千彥與詩人畫家佐藤（佐伯）義郎等會刊編輯之間出現對立，一九六三年分裂。前者繼承會名，後者取得會員名冊，並由金澤大學教師金崎肇擔任會長，以「日本貓愛好會」的名義繼續活動，發行會刊《貓之會》（後改名《貓》）。

兩會雖然並立，但大部分會員隸屬日本貓愛好會，而且也包含編輯會刊的核心人物在內，所以「表面上雖是分裂，但實際上卻是前氏（前田）與少數人退出的感覺」（金崎肇〈"猫"の発刊の頃の思い出〉《貓》一九九四年立春號附錄），可以說反倒是後者繼承了整個組織活動。由於金崎、佐藤義郎最初就參與會刊的編輯，日本貓愛好會的會刊便以過去的形式繼續發行，反之，日本貓之會的會刊在分裂後變得非常簡樸，活動也逐漸低調。

另一頭的日本貓愛好會在一九九八年（平成十年）解散之前，發行了三百三十四期《貓》會刊，長達三十五年。另外又出版四十四冊日本最早的貓書系列「貓文庫」（ねこ文庫）等，發展穩健（圖32）。一九六五年四月，納入「貓文庫」系列的《貓寫眞集》一

圖32　日本貓愛好會的會刊與「貓文庫」系列

書，雖是收集會員攝影的業餘作品，但也是日本第一本貓寫眞集，同年五月，金崎肇的《貓百科事典》（猫の百科事典）爲日本第一本貓的百科全書。兩本書都是自費出版，與之後的類型書相比較爲簡樸，但是，當時有關貓的書籍非常少，雖有狗和鳥的飼養指南書，但不存在貓的指南。這份會刊和「貓文庫」系列是珍貴的資訊來源。早期會員也會在各地頻繁舉行聚會，因此在日本的貓文化史上，日本貓愛好會可以說厥功甚偉。

洋貓團體的形成

日本貓之會設立的第二年，一九五五年（昭和三十年）三月二十七日，日本暹羅貓俱樂部誕生（日本シャム猫クラブ，並非一九五四年設立），它是戰後第二個全國性的貓團體。根據深度參與草創的山本千枝子（電影導演山本嘉次郎的夫人）回想，發端是一九五三年一月，山本參加了在緬甸召開的亞洲社會黨會議。山本感覺到在戰爭的深刻傷痕中，亞洲各國對日本依然餘怒未消，當務之急乃是強化交流。尤其是與泰國的交流上，她想到了透過暹羅貓進行交流這個主意。與駐日泰國大使館資訊部長普拉邦・波蒂帕克提（プラポン・ボディバクティ）商量之後，獲得他的同意，於是波蒂帕克提舉行記者會，宣布設立俱樂部（山本千枝子〈タイ国と日本を結んだ

シャム猫〉愛犬之友編輯部《ネコの飼い方ガイド》愛犬之友社，一九七一年）。

之後，一九五六年五月，日本暹羅貓俱樂部在日本橋三越頂樓舉行第一屆暹羅貓展，三笠宮和泰國駐日大使等人都出席與會，備受矚目。它也首開日本戰後貓展的先河（〈話の港〉《讀賣》一九五六年五月二十日晚報）。該會也開始發行日本最早的貓血統書，並且經手暹羅貓的繁殖與轉讓等，一九五七年起發行會報《CAT》。但是，一九六一年，掌管營運的事務局長——漫畫家堤寒三等人，與核心人物副會長山本嘉次郎、千枝子夫妻、前宮內次官白根松介、喜美子夫妻之間，針對營運方針產生對立。最後兩者分裂，堤寒三等人繼承日本暹羅貓俱樂部的招牌，山本等人另設「日本貓協會」（Japan Cat Association，JCA）接收大部分的會員。

內鬨的開端是血統書的發行經常遲遲不下來，引發了抱怨，而之所以會延遲是因為會刊從編輯到廣告行銷全都是堤一手包辦。情緒上的對立似乎是從這裡擴大開來。而且，山本等幹部也想在外交方面運用這個團體，他們的家世背景與身為一般平民的堤等人相去甚遠（〈ひっかきますわよ"お墨付き"をめぐるシャムネコ騒動〉《週刊讀賣》一九六二年二月十八日號）。堤一行人後來設立日本飼育貓俱樂部（Japan Cattery Club，JCC），推立防衛廳長官、眾議院議員藤枝泉介為會長（松井明夫〈ねこ談義ABC〉《愛犬の友》一九六二年七月號）。之後，日本飼育

貓俱樂部與日本貓協會形同水火，也舉行貓展和發行血統書。

此外，一九六二年，日本捨貓防止會從日本貓之會分離設立，成立該會的核心成員是佐藤惠美子、富尾木恭子、淸水純子等。這幾位女士有鑑於棄貓日益增加，希望日本貓之會能有所作爲，但是協會得出的結論認爲有其困難，所以設立了日本捨貓防止會（佐藤義郎〈日本捨猫防止会のこと」〉《貓の會》一九六三年十二月號）。在此之前，一九四八年日本動物愛護協會就已經成立。一九五六年，日本動物福祉協會脫離愛護協會而獨立。但是日本捨貓防止會是戰後最早以貓冠名的愛護團體。

不可捕鼠

貓的相關團體陸續成立，顯示出戰後養貓的人也在逐漸增加。尤其是都市地帶，從這時候開始愈來愈多人養貓的目的不再是抓老鼠，而是純粹玩賞用。一九五七年（昭和三十二年）內田百閒初次出版的《諾拉呀》（ノラや）有段諾拉（音同野貓）在外面抓了老鼠叼回家，引起大亂的描寫。內田夫人爲諾拉擦擦嘴角，一面對牠說：「諾拉呀，你是乖孩子，所以以後不用再抓什麼老鼠了」（內田百閒《諾拉呀》中公文庫，一九八〇年）。過去，養貓最大的目的不外乎抓老鼠，甚至不會抓老鼠的貓，就會被丟棄。可見時代轉變甚大。

於是貓漸漸成爲純粹的「寵物」，不過，變成寵物之後就受到珍視了嗎，這倒是未必，有個愛貓人這麼說：

> 討厭動物的人還是非常多，甚至以貓消極的性格來看，比狗更容易被疏遠。再者，當撕下抓鼠工具的標籤時，貓便不再像其他家畜，帶給人類直接肉眼可見的利益，或是為人類效力。反言之，只有貓才真的是種有寵物屬性的寵物，不過有時候意義太單純，人們反而不理解。而且不走運的是，由於貓隨處可得，任何人都有很簡單就能成為飼主的自由。……受到熟人死纏爛打的請求而養養看，或是在路邊摸摸就抱回家養，因而並沒有像追求純種高價動物那般的慎重。大多是一時興起、動機含糊就開始飼養。……剛開始覺得可愛，但是即使寵愛嬌慣，牠也不可能永遠是小貓，過了一年發情、交尾產子，於是玩膩了，就把貓母子一起丟棄。（丘洋子〈猫を見直そう〉《愛犬の友》一九六三年二月號）

事實上，後面也會提到，流浪貓此後急速增加，形成社會問題。而且養貓不再以捕鼠爲目的的同時，大多數人選貓的標準最重視的是就是外表，而且幼貓比成貓的價值更高。

一九六一年金澤市的飼養調查

高度經濟成長期，貓的飼養狀況並沒有做過全國性調查，但是個人調查卻是有的。它針對金澤市內各公司行號、政府單位，留下一千四百五十八人份的問卷調查結果（金崎肇〈猫を飼っている家〉《ねこ》一九六一年十二月號）。飼養的動物中，以養鳥有三百人（二〇．六%）最多，養貓一百四十二人（九．七%），養狗一百四十五人（九．九%）差距不大。此外，對自己生活水準回答「上層」的一百四十七人中，養貓十八人（一二．二%），養狗二十三人（一五．六%）；回答「中層」的五百二十七人中貓有四十三人（八．二%），狗有五十九人（一一．二%）；回答「下層」的七百七十四人中，養貓七十一人（九．二%），養狗六十三人（八．一%）。愈上層的人養狗比例愈高。而且，雖然上層養貓的比例也最高，但與養狗比例的差距，卻是愈下層愈小。到了下層階級，養貓的比例反而比較高。

依據以上數據來看，可以指出生活富裕的家庭養寵物的比例較高，而且相比之下，上流家庭偏向養狗，下層家庭養貓的數量稍多，但是差距極小。至於貓狗飼養數差距小的原因，很可能是受到金崎的交友關係影響，因爲他本人愛貓，對養貓飼主的問卷較多。

除此之外，一九五七年（昭和三十二年）七月，東京都對九百七十四戶人家，做過另一份調查，在該調查中，養貓者有二百一十六戶（二二．二%），養狗者有二百四十六戶（二五．三%）（〈家庭飼育の小動物の統計〉《愛犬の友》一九五七年十一月號）。

與金澤相比，東京貓、狗的飼養比例都相當高，但是高度成長初期，東京貓的飼養比例的確有比地方高的傾向。我認爲在於爲了捕鼠而飼養的需求減少、養蠶等農家副業的減少，加上那個時期都市裡集合住宅還不多，交通量也才剛開始增加等，都是這個現象形成的背景。即使如此，東京飼養率二二%，與後來數值相比相當高，有可能調查母體也有偏差。

成為「公害」的貓

在金澤的調查中，鳥的飼養比例高到將近貓或狗的兩倍，而且值得注意的是即使在東京的調查裡，金魚的飼養數也最高。日本從戰前到高度成長後的時期，厭貓人比愛貓人多，原因之一便是貓會攻擊這些小鳥或金魚（另外，戰前養雞的人家多，貓偷襲鄰居雞隻的事件也多）。

貓的偷竊或惡作劇自古即有，高度成長期之後，投訴因貓發情期叫聲或「淫穢」等不堪其擾的人愈來愈多，如新聞上就有〈對「動物公害」訂定罰則〉（《讀賣》一九七〇年十一月六日）〈謝絕「放養公害」〉（《讀賣》一九七三年九月二十日）的報導，公害病受害者的貓，也成了公害本身而形成社會問題：

> 最近投書欄有不少人投訴所謂的「貓害」，並且嚴肅討論具體的解決策略。……貓族受到的敵視，與安中的鎘汙染、田子之浦港汙泥幾乎不相上下，[1]看看投書的內容，像是一到春天，貓兒玩起戀愛遊戲的噪音，讓學子念不下書，或是貓的重壓讓嬰兒窒息死亡等，全都是讓人感同身受的事件。然而仔細想來，貓兒們又不是最近才突然在戀愛遊戲時發出尖銳的叫聲，而且貓從以前就喜歡窩在坐墊或柔軟溫暖的地方（就有可能是嬰兒的臉）。（三輪秀彥《猫との共存》早川書房，一九七二年）

---

1 譯注：前者是一九三七年到一九八六年間，群馬縣安中市鋅製煉所排放鎘所造成的公害，後者是一九六〇年代到七〇年代初期，靜岡縣田子之浦港遭汙泥汙染的事件。

不只是流浪貓增加，讓家裡養的貓自由出入，是當時司空見慣的飼養方式。日本房屋是開放式構造，出入戶外十分容易，尤其是冷氣機還未普及時，夏天爲了通風，一般都會將拉門大開。不論是家貓還是流浪貓，溜入鄰家的狀況十分普遍。在此之後，視貓爲「困擾」的投書在報紙的投書欄上一直持續了三十年以上。

「困擾」的背景

貓任意闖入別人家，在別人家裡偷吃的現象，在戰前早就已經存在，但是爲什麼到了戰後，會被視爲「公害」——社會問題，並且遭到高聲抗議爲「困擾」呢？當然，主要原因當然是貓的數量急速增加，不過，其實還具有社會方面的背景因素。

民俗學家岩本通彌認爲，「困擾」[2]這個詞是在第一次世界大戰之後，才開始用於今日的意義。在薪水族漸漸增加、都市郊區開闢、通勤圈擴大這些改變中，人們的交際關係擴展到過去的地域共同體以外，於是必須建立公共禮貌作爲這類陌生人之間的規範。超出規範的行爲就被視爲「困擾」（〈身近な言葉の歴史を考える〉《東大新聞オンライン》二〇一九年二月二十一日）。

到了戰後，不只是通勤圈，連人們居住的地域本身也成了陌生人的生活場域。如果是從前，不論有沒有養貓，住在附近就是相熟的鄰居，大多會保持一定的人際關係。但是都市正式擴大和人口流入形成的過度集中現象，讓地域社會的人際關係變得複雜。不只是平常交談的鄰居，還有突然從外地搬來的外人住在隔壁。這些居民之間互相不溝通的例子也增加。很多只要當事人談談就能解決的問題，在缺乏聯繫的鄰里關係下，很多人不選擇直接對話，而是採取向報社投書，或是向公家單位抱怨的方式。

誠如以上所顯示的，這個時期有關鄰居困擾的投書本身都在增加，並不只局限於貓。一九六二年（昭和三十七年）的《讀賣新聞》中，近來投書欄中有關「鄰居干擾」的投書急遽增加，最多的是噪音問題，其次就是貓和狗造成的傷害，又以貓偷東西、狗不拴繩的投訴最多（〈近所めいわく〉《讀賣》一九六二年一月十三日）。

戰前，貓造成的問題就已存在，新聞不時也有報導。但是，即使發生問題，幾乎都是當事人之間談判解決。新聞報導的大多是當事人彼此談判演變成暴力或虐貓事件，而引起的糾紛。但在戰前，動物引起的騷擾幾乎從未有人向報紙或行政單位投訴。而且在戰前，尤其是明治時代，貓

2 譯注：日文原文爲「迷惑」。

等動物的地位低下，很多人會直接把偷東西的貓打死或打傷。隨著時代進步到大正、昭和，愛護動物意識升高，原則上虐貓是件壞事，在飼主或附近鄰居面前對貓出氣的人，比以前少了（但相反的，在暗處虐待貓的情況增加）。這種自己無法直接「處罰」貓的狀況，便導致人們將貓的問題投訴到行政單位或報紙。投訴貓的問題之所以會增加，也反映了人類社會的變化。

有關貓與狗的裁決

體現出這種爲寵物進行溝通的變化，同時在貓的歷史上也具有重大意義的事件，以一九五八年（昭和三十三年）五月，德國牧羊犬在散步中咬死一隻三花貓，貓飼主爲要求補償金而鬧上法庭最具代表性。貓飼主是東大畢業的公務員，狗飼主是婦產科醫生，但是發生事故時，帶狗散步的人是飼養員，而且飼養員放任狗咬死貓，既沒有向受害者表現誠意，更沒有向飼主報告。怒氣難耐的受害者一開始以器物毀損罪向本地警察局投訴，遭到不起訴處分。於是又祭出民事訴訟。審判開始時，衆人議論紛紛：「我的貓被殺害時，對方只賠一百圓了事，這次審判希望他贏」「只不過爲了一隻貓就上法庭，眞是丟臉」等，因而備受矚目（〈犬が猫にやった二万円のゆくえ〉《週刊公論》一九六一年二月二十日號）。

被殺的貓不是洋貓，而是三花貓，以前在財產上被視爲「相當於零」，因此賠償金成了爭議焦點。最後，法官認爲：「飼養在家庭裡的貓，一般與飼主之間都具有深刻的親愛關係，所以才有『貓很可愛』這樣的話，所以加害動物的所有者，有義務賠償飼主精神上的損失」（〈ネコへ慰謝料〉《讀賣》一九六一年二月二日）。最後，判決貓飼主勝訴，狗飼主需分別賠償受害者夫妻每人一萬圓，以及埋葬費六百圓。

這場審判認同貓是會與人之間形成「親愛」關係的對象，也因此開創了日本對殺害貓支付賠償金的首例。愛貓人更視爲提升貓地位的劃時代判決。但是如同人們會投訴貓的問題，這個事件背後也暗藏著鄰近居民間的溝通不良。誠如《讀賣新聞》的報導：「如果道個歉，至少受害人心情上較能平復。」加害者沒有向貓飼主表現有誠意的態度，被害者也沒有直接向狗飼主告狀。據說令人驚訝的是狗飼主直到被人提告才知道事情始末。儘管住在同一個地方，但完全沒有建立起溝通，「平常的話，雙方談一談就可以解決的事，卻變得複雜」（〈ネコがイヌに殺され世界初の慰謝料裁判〉《讀賣》一九六一年一月二十二日晚報、〈ネコへ慰謝料〉《讀賣》一九六一年二月二日）。

都市過度集中，導致這種缺乏溝通、「素不相識」的鄰居在都市中增加。這現象放大了對別人家的貓侵入自家的「困擾」意識，而且也出現某些貓飼主無法想像鄰居遭貓侵害的感受。這樣的背景下，讓貓造成的損害到了戰後成爲社會問題。

「貓權日」的制定

日本貓之會爲紀念前述審判中認同賠償金的判決，便決定將每年的二月一日（宣告判決的那天）訂爲「貓權日」，舉辦提升貓權利的活動。第一屆貓權日在判決的第二年，一九六二年二月一日，於東京新宿的東電服務中心舉行。到場的愛貓族有十七人，在動物學者高島春雄的演講後，決議反對製作貓妖電影和開設貓的醫療保險等訴求。之後數年都有舉辦「貓權日」的活動。

另外，日本貓之會從一九六一年起，在「貓權日」之外另訂七月七日爲「貓之日」，別名爲「喵喵日」，每年舉行聚會。原因是這一天是貓之會的創立紀念日，日期也與「喵喵」諧音。[3] 而且剛好這天是七夕，所以也隱含著全國會員一年一度相會的心願。但是，後來該會本身分裂，「貓之日」也被人遺忘。而分裂後的日本貓愛好會訂每月五日都是貓之日，尤其訂五月五日爲一整年的貓之日，旨在「希望這一天成爲關心已不在世上的愛貓，和活蹦亂跳的現任男女朋友的日子。五月五日同時也是兒童節，期望牠們能像成長中的孩子們一般」（〈猫愛好会だより〉《猫の会》一九六三年九月號）。但是也維持不了多久就停辦了。

爲什麼這些「貓之日」無法延續下來呢？原因之一是即使到了戰後的這個階段，社會上的愛貓族仍是少數派。一九六一年，谷崎潤一郎寫道：

> 不論是男還是女，似乎世上愛狗的人遠比愛貓的人多。雖然已故泉鏡花先生是個極端討厭狗的人，但一般來說「討厭貓」「『貓』陰險所以不喜歡」的人比較多。志賀直哉也是個明顯的愛狗族，說過自己「討厭貓」。家中的女傭只要稍一不慎，就會被貓搶走了魚或吃掉了生魚片，所以一般來說都討厭貓。

由於討厭貓的人太多，谷崎在雇用女傭時，都會慎重問道：「家裡有貓也有狗，你不討厭貓吧？」留心聘用喜歡動物的女傭（谷崎潤一郎〈猫と犬〉《当世鹿もどき》中央公論社，一九六一年）。

3 譯注：日本的「七」發音「nana」與貓叫的擬聲詞「nyanya」相近。

前面也提到過，當時雖然有狗的書，但貓的書卻極為稀少。這也是因為愛貓族不是主流的緣故。在對貓有好印象的人本來就少的狀況下，只不過是一個小圈子訂立的「貓之日」，不可能在社會上有能見度。而且，對愛貓族來說與貓接觸是每天的例行公事，沒有必要特別訂一個日子來慶祝。各團體之間就透過會刊交流，各地方平常也會舉行聚會，所以圈子內部也沒有什麼理由訂一個特別的日子。因此這「貓之日」最終就在不知不覺間為大家所淡忘。

而現在的「貓之日」訂在二月二十二日，源自於一九八七年成城大學副教授柳瀨尚紀等組成的「貓之日制定委員會」，主辦「第一屆貓之日祭典」開始的。後面將會提到，此時「貓風潮」已經展開，大眾媒體全都聚焦於此，因而受到社會廣泛的認識。但是，在高度成長期這個時候，還沒有接受「貓之日」的社會基礎。

承認「安樂死」的愛護動物運動

在前述的「第一屆貓權日集會」中，表決了多達七項的訴求，包含「防止棄貓」「反對妖貓電影製作上映」「醫療保險制度的實施」「廢止國鐵一百公里的攜帶限制」（當時乘車區段超過一百公里不可帶貓上車）「勵行絕育手術」「實施貓的登記制」「於衛生所進行處置（安樂死）」等

（佐藤義郎〈東京ネコ権デー記〉《ねこ》一九六二年二月號）。令人驚訝的是，他們主張安樂死處分也是「貓權」之一。在這個時期，安樂死處分已經廣泛執行。隨著棄養貓的增加，爲回應市民的期望，一九五八年（昭和二十九年）靜岡縣富士宮市首開先例，由行政單位執行貓的安樂死處分（用藥）（木村喜久彌《ネコ》法政大學出版局，一九五八年）。繼而，東京都也在東京奧運會舉辦的前一年，由都知事東龍太郎發布最優先命令，要清除流浪貓，因而展開貓的收留和處分（《週刊ペット百科》三四，一九七五年）。

然而有別於此，愛護動物團體更早之前就在實行安樂死處分了。動物愛護協會在一九五一年開設了附屬醫院，就在這家醫院以注射藥物來執行安樂死處分。一九六三年的新聞報導，協會一天會送來二、三十隻貓，其中三分之二遭到安樂死（〈動物愛護のために〉《讀賣》一九六三年九月二十四日）。到了一九六九年，該醫院一年內處分了四千隻以上的貓（〈ペットブームのかげに〉《讀賣》一九六九年九月十六日）。愛護協會的各府縣分部、其他的愛護團體，也都負責執行安樂死處分，或仲介能夠處理的獸醫。

當時，西方的愛護動物團體普遍對沒有人認養的貓狗進行安樂死，這種觀念立基於既然活在世上必須忍受痛苦，不如用安樂死讓牠平靜的走。而且，現實中在街頭遭到虐待、被野狗攻擊、沒有食物而餓死的野貓非常多，社會上對愛護運動的支援很少，經費也有限，不可能收留照顧所有的棄養貓。

貓的生命有別

愛護協會也強烈呼籲絕育手術，以避免這種悲劇的發生，但是相對的，還是有很多飼主對貓的性命不屑一顧。愛護協會在收留時會向飼主說明安樂死，但是聽完說明放棄託付的人，只占全體的一〇％（〈ペットブームのかげに〉《讀賣》一九六九年九月一六日）。此外，「有的人即使是非常愛貓，看到母貓讓小貓吸奶變得虛弱可憐，便不顧母貓的感受，把牠好不容易生下的小貓一一處分掉，他們認爲尚未睜眼的貓還不算是生命，將牠們丟在河裡溺死」（松本惠子《隨筆貓》東峰出版，一九六二年），很多人自己殺害家裡養的貓生下的幼貓。一位京都的愛貓人士留下的紀錄中寫道，一九五一年（昭和二十六年）到一九五八年間生下的幼貓中，除去一出生就死亡的七隻外，三十六隻中有二十隻都進行了「水葬」（寺村龍太郎《貓》井上書店，一九五八年）。

另外，某位住在兵庫，無法參加前述「第一屆貓權日」的日本貓之會會員，在信件中主張有關「貓權」的意見：「獵貓人橫行的地區，希望他們別再偷走別人家養的貓」「如果貓的毛皮眞的是人類社會的必需品，那就開發剝取毛皮用的『養貓事業』，而不是偷走別人家的貓」（福田忠次〈日本ネコの会"ネコ権デー"のつどいの皆様へ〉《ねこ》一九六二年二月號）。意思就是用家貓不行，專門養殖的貓就可以。這位投書者是日本貓愛好會的核心成員，家裡有爲貓打造專屬的貓屋，而且自己定期發行印刷品《貓通信》，是個狂熱的愛貓人，然而以他的想法來說，他在「貓權日」所主張的並不是「貓權」，而是人類的財產權，這可以說展示了當時人對貓的看法。

為了動物實驗而去獵貓

戰時消聲匿跡的獵貓人，隨著戰後貓的數量增加而再次出現。到了戰後，獵貓的目的不只是製作三味線，大學醫院或製藥公司也會收購來作爲實驗用動物。實驗用的收購價格，在一九六四年（昭和三十九年）時，行情約爲一隻三百圓。此外，當時的物價，大瓶啤酒一瓶爲一百二十日圓上下，所以相當於二．五倍。

很多業餘獵貓人爲了賺點小錢而抓貓。舉例來說，橫濱市內相繼發生貓失蹤的事件。受害飼主去市內大學醫院打針時，在門上掛著研究室牌子的房間外聽到熟悉的貓叫聲。慌忙推開門，發現自己的愛貓被關在裡面，飼主便向警方報案。搜查的結果得知，六個國中生和兩個十五歲的員

工用柴魚片抓貓賣給醫院，少年們最後接受了輔導（〈御用になった"ネコ族の敵"〉《週刊文春》一九六二年六月十一日號）。

某位養貓人在東大醫院聽到外甥說，看到「收購貓」的布告，便抨擊「忍不住背脊發涼」，又說「人類為了進步，也許不得不使用動物進行實驗。但是那就該繁殖飼養實驗用的動物。……流浪貓一般不容易抓到，能輕易得手的都是家貓」（藤井洋子〈恐ろしいこと〉《ねこ》一九六二年九月號）。這也是家貓不行，流浪貓或養殖貓就沒關係的理論。

關西的獵貓業者上京

關於為了製作三味線去獵貓這件事，戰後關西的業者大多會到關東出差。例如：一九六五年（昭和四十年）一月，傳聞大阪的獵貓業者要來東京，愛貓團體和一般愛貓人湧到警察局抗議，鬧得滿城風雨（〈納得しない愛護団体〉《朝日》一九六五年一月二十三日）。一月二十二日下午發展成大阪來的業者，與愛護動物團體代表在警視廳交手的事態。最後，業者方因遭到徹底反對而捕不到貓，撤退回關西（〈しっぽ巻いて引き揚げ〉《讀賣》一九六五年一月二十四日）。

在一九七一年，也有十幾組關西的獵貓業者上京，而引起糾紛。七月在下谷署訊問業者緣由，他們表示三味線、學校教材和實驗上需要大量的貓，但是在關西的貓已經抓光，數量太少，所以才遠征東京（〈ネコ取り屋大挙上京〉《朝日》一九七一年七月十日）。隨後各地都發生家貓大量失蹤的事件，愛護團體和愛貓族加強了監視。於是十月二十八日，在東京月島署轄區內首度逮到嫌犯。有人向一一〇報案，該嫌在自製的捕貓器撒上木天蓼粉末，捕抓附近的家貓。這個人在淺草、澀谷等地總共抓了四十隻貓。不過他自述：「我是業餘的，所以才只抓到四十隻。更高明的同業抓得很多，如果少了我們，三味線就沒辦法製作」，完全感受不到犯罪的自覺。據他供稱，貓被宰殺後，請大阪的鞣皮業者以一隻四百圓加工，然後毛皮店會用公貓一隻三千圓，母貓一隻一千五百圓的價格收購（〈"ネコの敵"ニャロメとご用」〉《讀賣》一九七一年十月二十八日晚報）。上等貨可以賣到五、六千圓（〈"飼いネコの敵"再び上京〉《讀賣》一九七二年一月二十五日）。被逮捕的人以輕罪釋放，後來仍繼續捕貓，直到一九七二年五月爲止，該名業者一共被逮捕了五次。報導中說其背後與關西黑社會組織有關係（〈ニャンともならぬネコ泥棒〉《朝日》一九七二年二月七日晚報）。

難以舉發的獵貓人

獵貓業從一九五〇年代開始橫行，不過被逮捕的事例極少。戰後在東京，於前述一九七一年（昭和四十六年）的逮捕事件前，完全沒有爲了三味線獵貓而遭到逮捕的案例。不過，地方縣市方面，一九六四年九州有出現逮捕案。一件是在長崎逮捕了一個家貓獵人，另外在鹿兒島市和指宿市也逮捕了大規模的獵貓集團。鹿兒島的案例中，每天把抓到的數十隻貓運到屠宰設施剝皮，而在指宿則是將數十隻貓用卡車賣到大阪方面，兩者都是大規模犯罪，所以遭到逮捕（加納勇《ネコの飼い方》金園社，一九七六年）。

但是，相對於戰前逮捕獵貓人的次數頻繁，戰前與戰後究竟發生了什麼變化？獵貓人的取締始於明治初年，根據法令最早是一八七一年（明治四年）京都府以答詢的形式，由太政官發布命令，對貓狗皮剝製販賣者、獵捕家貓者處以與竊盜相同的懲罰（國立公文書館藏《太政類典》第一編第一九〇卷刑律・刑律二）。一八七二年十一月，東京實施「違式註違條例」（一八七三年以後，各府縣也制定和實施），第三十六條納入禁止將動物屍體或汙物遺棄在大馬路的條目（《太政類典》第二編第三四六卷刑律二・刑律二）。第二年的一八七四年一月又在第六十三條補充，禁止在規定以外的場所剝製牛馬及其他動物的皮（國立公文書館藏《公文錄》第二〇二卷，明治七年一月，司法省伺一）。後來，禁止遺棄屍體等規定由在一八八二年實施的刑法違警罪延續下去（《太政類典》第四編第五七卷刑律・刑律）。在一九〇八年制定的警察犯處罰令中，第三條設置「濫將禽獸死屍或汙穢物棄擲，或怠於去除之義務者」「於公衆觸目之場所，虐待牛馬其他動物者」加以處罰的規定（《官報》第七五七九號，一九〇八年九月二十九日）。戰前舉發的事例都引用了這些規定。

戰後，警察犯處罰令在一九四八年（昭和二十三年）由輕犯罪法承繼，但是輕犯罪法爲反省戰前刑法違警罪和輕犯罪法導致警察權濫用的情況，罪行的規定全面具體化、明確化。因此，有關動物虐待的規定便明列毆打、凌虐、不給飲食物等具體行爲，如「毆打、酷使牛、馬其他動物，不給予必要飲食物等作爲，視爲虐待」。至於有關遺棄屍體，有「違反公共之利益任意將垃圾、鳥獸屍體和其他汙物或廢物丟棄者」，以「違反公共之利益」視爲要件（《官報》第六三八六號，一九四八年五月一日）。因此，法律上雖然進步了，但是對獵貓、剝皮之行爲，由於不合乎這些規定，因而難以處罰。另外，就雜種貓而言，由於一般認爲牠作爲物品的價值幾乎等於零，因此竊盜罪也不成立。一旦被殺、被剝皮，找出飼主也有困難。

有關貓的輿論狀況

面對這種狀況，尤其受害最廣的台東區愛貓人，在一九七一年十月組成「獵貓受害者協會」。面對貓即使被獵貓業者宰殺，多數也曝屍荒野的狀態，該會向當局陳情，要求強化取締（〈〝ネコの敵〟追放運動」〉《讀賣》一九七一年一〇月二九日）。協會甫一成立，聯絡自各地湧入，兩個月接到兩百封以上的來信，電話更是響個不停的狀態。但是，聯絡內容不只是投訴獵貓和諮詢，還有無法養貓請協會接手的請求、小鳥或鯉魚被貓抓到的投訴，甚至還有養鳥人來電，表示對獵貓人「舉雙手歡迎」。另一方面，從受害人的聯絡可知，受害地區從下町一帶擴大到杉並、中野等都內全域。因此，決定在東京各區各設置一個聯絡所（〈北風の東京　ネコ取り被害者の会〉《讀賣》一九七一年十二月二十八日）。日本動物愛護協會要求警視廳及東京地檢從嚴查辦，大眾媒體也對這些行動大幅報導。因此，全國邦樂商業工會為避免造成業界形象低落，因而祭出固定捕獲數量，以及只抓野貓的方針（〈ネコ騒動やっと〝休戦〟へ〉《讀賣》一九七一年十一月十八日）。

但是，此後獵貓的勾當並未止步，屢屢和愛護團體發生衝突。話雖如此，後述愛護動物管理法的制定，以及對捕貓的批判力道逐漸增加，都讓捕貓量銳減。一九八〇年代，製作日本三味線蒙皮賺不到錢，開始仰賴進口。另外，三味線本身的需求低落，許多製造業者因而停業（染川明義〈滅びゆく自文化〉《部落解放》四三五，一九九八年、石村定夫〈犬猫供養祭〉《季刊邦楽》四五，一九八五年）。一九九〇年代末期報導，鞣製三味線用貓皮的工人，全日本只剩一人（辻本正教〈三味線の猫皮問題に部落民の人間としての尊厳をかける〉《部落解放》四三五，一九九八年）。另一方面，雖然數量比以前減少，所以不再形成問題，但是近年還是看到獵貓人出現的情報，主要目的包含驅趕或虐待貓。

集合住宅的發展與貓的飼養

前述已說過「獵貓受害者協會」接到各式各樣的投訴，連報導該協會的媒體接到的意見也並非全是讚美。各家報紙都接到許多貓兒偷竊、排泄物等困擾鄰里生活，應該趕走的意見。「賊貓強盜團到處蔓延，新聞幾乎天天有人投書向我們抗議和彈劾」（長田弘《ねこに未来はない》晶文社，一九七一年）。從戰後復興期到高度成長期，養貓的人增加的同時，投訴貓造成損害的人也增加了，兩者的關係已到了正面對決的狀況。

人口大量流入都市導致過度集中，隨之而來的社會氛圍變化，就是人們對「困擾」行爲提高了敏感度。在高度成長期，都市居民與貓的居住環境也都產生巨大的改變，那就是集合住宅的建設。集合住宅的增加也是人們意識變化的一大主因。而集合住宅的代表——公營住宅，自一九五〇年代中期後開始建造，在一九六〇年代到七〇年代中期大量興建，成爲年輕夫妻的嚮往，因而大受歡迎。「當時許多平民爲了戰後貧困的住宅環境煩惱，別說是浴室，連廁所、廚房都必須共用的狀態，最能體現含有衛浴的住宅出現在民衆觸手可得之處，便是入浴這個行爲帶有的隱私概念，以清楚的形式浮現在日本民衆的生活中。」正如日本住宅公團（現在是都市再生機構）的回顧，集合住宅落實了隱私的觀念，「是日本平民從生活中，實際感受到公共空間與私人空間兩者區別概念化的轉捩點」（《日本住宅公団一〇年史》日本住宅公團，一九六五年）。

公營住宅方面，依據一九五六年（昭和三十一年）制定的管理章程，養狗需得到公團的同意，但養貓不需要，所以社區中養貓的人也多（前田美千彥〈団地でネコも暮らせるか〉《ねこ》一九六八年十一月號）。然而，在集合住宅養貓造成的問題，比一般住宅更多。前述提到隱私觀念的成長，喪失了與近鄰間「萍水相逢亦是前生緣」那種密切相關的感覺。集合住宅大多會成立自治會，居民間雖然未必沒有往來，但是這種關係漸漸轉變成公私分明的傾向，也就是在保有私人空間，他人不可侵入的前提下成立。其中，他人的貓闖入自己家裡作惡，或是被叫聲騷擾，都成爲難以忍耐的「困擾」，以及投訴的對象。

▌圖 33　大佛次郎與愛貓們（大佛次郎紀念館藏）。由於大佛次郎是眾所周知的愛貓家，常有人將棄養的貓放在他家門前。大佛每次都不忍心見死不救，就收養了那些貓。

不變的養貓方法

日本貓之會的會刊中，於公營住宅資訊誌爲主的報導中，就集合住宅養貓的議題上也提出「要定時餵貓」「在家裡固定排便地點」「不想要小貓的話別讓牠生，不棄養貓」「晚上別讓貓出門」「造成困擾的話要賠償」等呼籲（〈団地での猫の飼い方〉《ねこ》一九六五年六月號）。不過從反面來說，這表示不遵守這種原則的飼主很多。前述的變化中，貓的行爲並未改變，正是造成投訴的原因。因此，爲了避免這種情事發生，轉而加強要求養貓人，要懂得「禮節」。

由於投訴不斷增加，日本住宅公團決定自一九六五年（昭和三十年）四月以後入住的居民，除小鳥、魚類之外，禁止飼養所有動物。關於目前飼養中的動物，只限一代（〈イヌ、ネコの飼育を禁止〉《讀賣》一九六五年三月二十八日）。雖然也有極少數如大阪市營住宅，之後也未曾頒布禁止飼養的規定（《犬猫飼育問題について》住宅・都市整備公團關西支社管理部一般管理諸問題研究會，一九九〇年），但多數集合住宅（不論是公營、民營）之後全都以上述規定爲準，禁止飼養寵物。

然而，這項措施導致棄養貓的數量急劇增加。公團決定禁止飼養寵物之後，動物愛護協會收留的貓兒數量激增（森田潤三《ネコものがたり》鄰人社，一九六九年）。「公共住宅或大樓幾乎

全都不可飼養貓、狗，飼主入住時棄養的案例很多。此外，絕育手術的費用所費不貲，因而『野貓』大增」（〈ペットに愛を　手を結ぶ愛好家たち〉《讀賣》一九七八年九月二十三日）。

另外，下達禁止令之後，似乎仍有相當多人偷偷在集合住宅裡養貓。但是，對新搬來而必須丟棄貓狗的居民來說，產生「我忍耐下來，憑什麼他……」的不公平感。即使未必干擾到自己的生活，但也有人因此會嚴格監視鄰居的這種行爲，進而向上告發（前述《犬猫飼育問題について》）。

貓的生活變化

貓自由進出住宅的生活沒有什麼改變，但另一方面，高度成長期人們的生活變化，也有一部分給貓的生活帶來轉變。例如：電影《男人眞命苦》（男はつらいよ）的主角阿寅，在叫賣商品時經常會說的口頭禪：「滿身毛滿身貓灰」，他說的是貓在溫暖的灶進進出出，弄得滿身爐灰的樣子。這種貓沾了煤灰的模樣，曾經是冬日即景之一，也存在「灶貓」一詞（宮澤賢治《貓的事務所》中出現的「窯貓」即從這裡來）。除了灶之外，貓取暖的地方如地爐、[4]火缽等，都會沾到灰，

4　譯注：日本稱爲圍爐裏。

貓被煤（灰）弄髒的機會非常多。然而，高度成長期，灶、地爐和火缽等東西，都隨著現代化廚房、暖氣設備的普及而消失，再也看不到「滿身是灰」的貓。

說到暖氣，童謠〈雪下啊下〉（雪やこんこ）裡「貓在暖桌裡縮成一團」一詞非常有名（據說出自一九一一年文部省編纂《尋常小學唱歌》第二學年用），可是，現在恐怕很少有人看過實際上貓在暖桌縮成「一團」的樣子吧。歌詞中貓縮成一團的暖桌，就是圖34這種江戶時代以來廣泛普及的用具。一種是在有底板的木架裡放著陶器，加入炭火的木暖桌，或者是把木架放在地爐，披上棉被。貓就會縮成一團睡在暖桌上方。棉被裡有木架讓內部空間狹窄，而且上方溫暖，所以貓喜歡躺在桌上。如果貓鑽進棉被裡，很可能燙傷或一氧化碳中毒而頭昏，甚至會因爲缺氧而死亡。

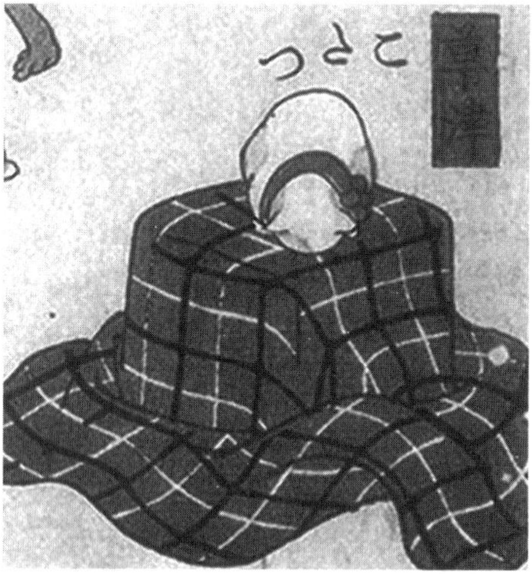

圖34　取自歌川國芳〈貓飼好五十三匹〉（譯注：此畫作以各種貓的姿態比擬東海道五十三個驛站）。與草津（kusatsu）諧音的「暖桌」（kotatsu）。

高度成長期以後，矮桌上部加裝熱源，現在常見的電熱式紅外線暖桌普及之後，內部空間變大容易進入，而暖桌上面會再放置冷冰冰的頂板，形成桌面，所以貓會鑽入溫暖的暖桌下面「伸展」（貓感覺熱時會拉長身體）。

而且，在暖氣設備尚少的時代，報上不時會報導貓害死嬰兒的事件。貓爲了取暖爬到嬰兒臉上，造成窒息死亡。石油暖爐、電暖爐、空調設備等各種暖氣普及，才讓這種事件消失。但是，貓撞到暖爐或周邊物品引發火災，或是坐在暖爐上造成燙傷等事故頻傳。雖然不再有一氧化碳中毒，然而新的暖氣設備熱度高，很多貓出現黏膜乾燥、低溫灼傷。一九七〇年代以後的養貓指南，多會提醒讀者注意。

附帶一提，高度成長期眞空管電視的普及，爲貓提供了新的棲息場所。尤其是天冷時期，電視會發出熱度，所以很多貓喜歡趴在上面。全家團圓吃晚飯的時候，應該不少家族一面談笑，一面看著有貓趴在上面的電視。到了二〇〇〇年代，薄型的液晶電視普及，貓無法停留在電視上方，失去了這個固定座位。至此，貓已經在這個位子上持續坐了近四十年。

交通意外的增加

正因爲上述的室內變化，所以不管是透天厝還是集合住宅，到此時爲止，多數飼主讓貓自由外出的做法一直沒變。但是外界的環境發生劇烈變動，尤其是交通意外飛躍性增加。日本國內汽車持有量，從一九五五年（昭和三十年）約九十二萬輛，激增到一九六〇年二百三十萬輛（二・五倍），一九六五年七百二十五萬輛（七・八倍）、一九七〇年一千八百一十九萬輛（一九・八倍）和一九七五年的二千八百四十一萬輛（三〇・九倍）（山本弘文編《交通・運輸の発達と技術革新》國際連合大學，一九八六年）。另外，柏油路的鋪設也不斷發展。國道的鋪設率在一九五五年只有一三・六%，到了一九六〇年達三一・〇%，一九六五年五六・五%，一九七〇年七五・一%，一

圖35 躺在真空管電視上的貓

九七五年七八・八%。另外也在進行道路拓寬改良工程（國土交通省官網〈道路統計年報〉）。柏油路鋪設和改良之後，車輛行駛速度提高，通行量也增加，交通意外自然就變多。

新聞報導在一九六四年，東京都各區土木課與清掃事務所每天必須處理約一千隻貓。清掃作業收集的貓屍會當成垃圾處理，運到夢之島等地掩埋（〈"遺体処理"大忙し〉《朝日》一九六四年四月十八日）。而一九七〇年左右，這種狀況更擴及到郊外，由於交通意外增加太多，調布市與府中市等地光是一般的垃圾處理已不敷所需，決定四月起將屍體的處理委託給多摩犬貓靈園。而另有報導提到東村山市和小平市，由於作爲垃圾焚化的屍體增加，在垃圾焚化場內興建了「犬貓供養塔」（〈まったく犬死〉《朝日》一九七〇年二月三日）。人類交通意外死亡人數在一九七〇年達到一萬六千七百六十五人的高峰，靠著紅綠燈、斑馬線的設置，之後慢慢減少，但是，這些設備當然對貓完全沒有效果。

以擺脫「貓族受難時代」為目標

如上所述，高度成長期尾聲，如「最近由於集合住宅和公寓不能養貓，因而不是遭棄養或是被車撞，可說是貓族的受難時代」（〈ネコ族受難時代　住宅難や交通事故死〉《朝日》一九六八年十一月八日）的報導，對貓而言生活環境變得愈來愈艱難。

愛貓團體很早就開始努力，試圖改變這種「受難時代」的狀況。目標有減少棄養貓和流浪貓、防止獵貓和虐待、提升飼養禮節。都內的愛貓團體從一九六二年（昭和三十七年）起互相取得聯絡，合作防堵獵貓人行動。一九六五年，日本捨貓防止會、日本貓愛好會、日本貓之會、日本貓協會、日本貓俱樂部（Japan Cat Club）、日本暹羅貓俱樂部、日本貓學會（Japan Cat Society）等七個團體，組成日本愛貓家團體協議會。該會在愛護動物週舉行慈善舞會，收入全部捐給日本動物愛護協會。另外也針對促進動物保護相關法律的制定、公團住宅公寓禁止養貓相關問題、獵貓的問題等，進行研究並討論對策（佐藤義郎〈日本愛猫家団体協議会のこと〉《貓》一九六五年十二月號）。

一九六三年三月九日，不只是愛貓團體，十八個更廣大的動物相關團體代表，為動物愛護法的制定舉辦了「守護動物會」。愛貓團體方面，日本貓之會、日本捨貓防止會、日本貓協會、日本貓飼育俱樂部、日本美國暹羅貓俱樂部等代表參加，就促進動物虐待防止法的制定、動物虐待防止方案等交換意見（〈動物虐待防止会議〉《ねこ》一九六三年十二月號）。這些團體並且針對動物愛護法或虐待防止法的制定，定期召開懇談會，還決定連署請求制定「動物虐待法案」。此連署活動由日本動物福祉協會匯總，在一九六四年五月以前，收集了十三萬人以上的簽名（《ねこ》一九六四年六月號）。一九六三年以後，更配合愛護動物週舉辦動物虐待防止會議。兩年後，即一九六五年九月二十日，在虎之門共濟會館召開第二屆動物虐待防止會議，設立全日本動物愛護連盟，作爲各愛護團體聯絡協調的機關（〈動物虐待防止の運動」〉《貓》一九六五年十一月號）。而該聯盟在十一月十日舉行第一回聚會，聚會上將會名改爲全日本動物愛護團體協議會（〈全日本動物愛護連盟はやくも全日本動物愛護団体協議会と改称〉《ねこ》一九六五年十二月號）。

各愛貓團體屢屢在會刊上呼籲防止虐待和提升飼養禮節。另外，日本動物愛護協會與日本動物福祉協會在呼籲推動絕育手術運動之外，也主張成立動物愛護防止法案已經刻不容緩（〈動物愛護のために〉《讀賣》一九六三年九月二四日）。這些努力到了高度成長期接近尾聲的一九七〇年代初期，終於有了實質的成果。一九七三年，政府制定了動物保護管理法，從此時起貓與人類的關係將邁向更貼近現在的形式，開始產生巨大的變化。

6 現代貓生活的形成——高度成長結束之後

貓生活劇烈變化的時代

動物保護管理法的制定

一九七三年（昭和四十八年）秋，石油危機的降臨預告了高度經濟成長時代的結束。人們追求的事物也在變化，從一面倒想要量的擴大，到渴望生活的品質。在這種狀態中，寵物成爲替生活增添色彩的存在，寵物的照顧受到關注，貓的生活也達到質的變化。

「動物保護及管理相關法律」（動物の保護及び管理に関する法律，動物保護管理法、動物愛

護法），是在石油危機前的一九七三年十月一日制定（第二年四月一日施行）。戰後未久的時期開始，動物愛護協會就推動動物虐待防止法的制定，一九五一年由參議院綠風會的議員在國會提出。但是，由於有實力推動的議員死亡和內閣輪替等因素，最後未能實現。經過二十年才終於有了成果。透過日本社會黨議員大出俊等人主導，長達四年的跨黨派協議，終於與在野黨合作下表決通過。

這條法律旨在防止虐待動物、適切管理動物、培育愛護動物風氣，以及防止動物造成人類生命財產的侵害，違法者將處以罰款。而在投訴較多的棄養貓因應辦法，又加入棄養貓狗者處以三萬圓以下罰金的規定。進而規定飼主有適當保護、管理的義務，而當飼主求助於地方政府（都道府縣）時，必須同意收留。但是行政單位照顧收容的動物有其困難，預料大多是安樂死處分。

安樂死處分的期望

由行政單位收容並安樂死處分的規定，是在接受愛護動物團體強烈希望下加入的法條。愛護動物團體從以前就有在執行安樂死處分和仲介醫生。法律制定的一九七三年，光是日本動物愛護協會就收容三千四百一十五隻，除了給新飼主認養的三百三十一隻之外，全部安樂死處分，當時的協會事務局長表示：「儘早讓牠們安樂死，幫牠們減少痛苦」（《週刊ペット百科》三四，一九七五年）。這種觀念影響了地方政府收容義務法規的制定。過去爲了防止狂犬病，收容犬隻已行之有年，可是多數地方政府並沒有貓的收容設施，這條法律也間接加速設立收容和處分設施，以及建制大量處死貓的方法。

當時，各地方政府對收容貓的態度消極，也對這條法律的收容義務表示抗拒。在施行法律時，儘管總理府（現在的內閣府）通傳各都道府縣報告負責單位，但是截止日前只有兩個縣回覆。不論哪個行政單位都有煩雜的公務要處理，相關各課互相踢皮球，都不想接手（〈ペット様に役所当惑〉《讀賣》一九七四年四月五日晚報）。一九七五年，該法條施行兩年後，還是有很多地方政府拒絕收容。原因在於不只沒有收容設施，新建又費時費力，而且似乎還有害怕貓靈作怪和殺貓的忌諱感。「不論哪個縣市政府，職員的抗拒都很大……說如果要處理貓，他就辭職」（《週刊ペット百科》三三，一九七五年）。即使是過去負責處分狗的業者，也申明如果要他處理貓，就不打算接這筆生意（前述〈ペット様に役所当惑〉）。處理狗還有預防狂犬病這個正大光明的理由，但貓就只是單純殺害，沒有正當理由，讓職員十分反感。

當然，也有行政單位早就依據動物保護管理法，實行貓的收容處置。東京都從一九六三年起，爲了即將舉辦的東京奧運，開始收容和安樂死處分。而且更早在一九五〇年代有段時期就透過收容所，將收容的貓送到荒川犬抑留所或世田谷犬抑留所處置，然後「再送到都指定的化製所[1]壓榨取油，剩下的渣滓做成肥料」（〈捨てネコの処置〉《讀賣》一九五四年十一月六日）。此外，京都也因爲府民投訴野貓問題，而於一九七二年起制定動物飼養管理相關條例，執行貓的收容。

之後，各地政府雖然都整建了收容設施，然而最後卻發生了動物愛護團體意料不到的事態。一九七四年十一月，前上野動物園園長古賀忠道擔任會長的動物保護審議會，向田中角榮首相答詢時，同意將收容的貓或狗移作動物實驗的用途（〈ネコ界での問題点」〉《ねこ》一九七四年十二月號），之後便付諸實施。本來執行安樂死是爲了結束牠們的苦難，結果現在卻讓貓體驗到更多的痛苦。

貓的商業雜誌誕生

雖然這道法律問題重重，但是即使如此，它顯示出愛護團體的主張落實爲法律、以貓爲首的寵物地位提高，以及貓在社會的存在感漸漸增大。而貓的專門商業雜誌出版，最能明確顯示這一點。

法律成立的前一年，一九七二年（昭和四十七年），以「為貓與愛貓人設計的專業雜誌」的目的，發行戰後第一本貓的商業雜誌《Cat Life》（寵物生活社）。最初是季刊，第五期開始改成雙月刊。一九七五年一月起改為月刊。內容為有名人的貓、國外貓新聞、貓歷史的小故事、貓展情報等，是一本多面向介紹各種貓資訊的雜誌（圖36），裡面也登載動物攝影家岩合光昭和其父岩合德光的攝影作品。一九七五年左右，Cat Journal社發行《Cat Journal》雜誌，但是國會圖書館並未收藏，作者不詳。不過它似乎是月刊，介紹愛貓族的動態、相關商品、純種貓等。

當然，這些雜誌的出現未必只是因為貓在社會的存在感上升，在進入追求生活「品質」的時代後，印刷媒體的多樣化才是主因。那是各種領域的雜誌百花齊放的時代，在綜合雜誌、週刊之外，還有各種專業雜誌、產業雜誌、情報誌、男性雜誌、女性雜誌、生活雜誌等。貓的雜誌和出版品也是在這種潮流中誕生。而且這種出版品的出現，也增大了貓在社會中亮相的機會，帶動了

1 譯注：處理動物屍體的場所。

後來出現的所謂「貓熱潮」時代。

貓飲食生活的巨變

高度成長期以後，飲食生活的變化，可以說是個看似和緩，但從歷史角度來說，在貓生活中十分巨大的改變。這個變化歷經兩個階段，第一階段是貓的飲食生活變得豐富的時期，第二階段是貓飼料普及的時期，前者始於高度成長期，後者在高度成長末期以後成形。

一九五〇年代到一九六〇年代之間，貓飼料的存在仍然鮮爲人知。一九五七年（昭和三十二年）時，某位人士從返回美國的外國人手中得到一隻暹羅貓，除了貓還附帶了貓罐頭。爲了買到相同的食品，他走遍了PX（美軍商店）、OSS（日本外國人取向的商店）

圖 36　《Cat Life》雜誌。這份雜誌最早刊載許多攝影作品，第 8 期起將尺寸改成A4 大小的俱樂部雜誌風格（以前是B5 大小），成為更加重視視覺的雜誌。

等進口店，到處探尋卻毫無所獲。在上野阿美橫町的店裡問說：「我想買貓罐頭」，老闆還以為他在找貓肉做的罐頭，大聲怒喝：「我們沒在賣那種東西！」可見連東京都非常少見（田中八重《おひげコレクション》日本貓愛好會，一九七〇年）。

其實，幾乎在同一時期（一九五七年），日本國內已經開始生產貓飼料。隨著糧食供需的好轉，鮪魚、鰹魚切片滯銷，因此多餘的魚片便做成罐頭銷往美國。不過最初全部都是提供出口，在國內並沒有流通（竹井誠〈ペット・フード缶詰について〉《ニューフードインダストリー》一九六二年八月號）。

貓的傳統飲食生活

那麼，高度成長期以前，貓吃些什麼呢？說起貓的飲食，從江戶時代起，人們一般都是餵牠們穀物拌柴魚片，或者是淋上人吃剩的湯汁。如果該家庭給得奢侈一點，也會給牠們吃竹筴魚或小魚乾。比起貓的健康，較多人是從捕鼠的實用性觀點來選擇食物。人們常說如果給貓吃太美味的食物，牠就不會願意去抓老鼠，因此刻意給予貧乏食物的飼主，和認為貓自己會抓老鼠、麻雀來吃，所以沒有餵食需要的人似乎很多。一九六六年（昭和四十一年）的書還是（帶點批判性的）

寫道：「有的人認爲，貓那種傢伙，肚子餓了自己會抓老鼠來吃，根本不用替牠操心」（乾信一郎《ネコの小事典》誠文堂新光社，一九六六年）。此外，很少家庭餵食時會給予水分，有人指出「只給食物不給水的家庭很多，這些家裡的貓，只能喝廚餘的水或是水溝裡的水，所以很容易生病」（生方敏郎〈貓〉《文芸春秋》一九三四年二月號）。

不論如何，在高度成長期以前，貓一般只能吃到人類的殘羹剩菜，而且如同前一章提到的，戰時或戰爭剛結束、人們缺乏食物的時期，貓的飲食生活自然也很貧乏。反之，到了人類生活逐漸富裕的高度成長期，貓的飲食自然也豐盛起來。

高度成長末期的飲食生活

一九七一年（昭和四十六年）有一份貓飼養狀況實態調查的紀錄，它是岩田江美在玉川大學的畢業論文出版成冊，名爲《貓給我的信——家貓的實態調查》（猫からの手紙——飼い猫の実態調查，自費出版，一九七一年）。問卷是從一九七〇年七月到十二月間發出，總共七百〇六份，回收率七五%（五百四十份），回答爲每一隻貓一張，家裡有很多貓時，需回答多份。塡寫者共三百〇五名，其中男性四十九名，女性二百五十六名。主婦最多，共七十九名，其次是學生七十二名。因爲有透過熟人的關係傳遞問卷，所以母體可能有偏差，尤其必須留意的是，東京等都市居民的回答者比率較高，不過當時沒有類似的調查，算是十分寶貴的資料。

依據這份問卷，回答用小魚乾或柴魚片拌飯作爲貓用食物的比例很高（但是拌飯的料不只是過去通用的柴魚片，混入竹筴魚等魚類的案例也很多）。餵食貓飼料只不過占全體的一五％左右。此外，買來鮪魚、其他魚肉、魚雜直接餵食的案例第二多。對貓愛吃食物的回答，依多寡順序爲竹筴魚（一百〇五例）、起司（七十六例）、牛奶（五十八例）、花枝（五十例）、火腿・香腸（四十七例）、小魚乾（四十三例）。現在已知不可給貓吃花枝，但當時似乎大多是只要貓想吃就會餵，同樣現在被視爲最好不要餵的螃蟹，當時也有十六例的貓愛吃。而且貓飼料並未列舉在愛好食物當中。起司、火腿、香腸這類此時經常登上人類餐桌的食品，直接反映出人們飲食生活的變化。其他如萵苣、仙貝、甜點、拉麵、香蕉等，人類將自己的食物直接分給貓的例子也很多。也有零散分享生魚片（十七例）、生牛肉（十三例）、鰻魚（六例）等高價食品的例子。關於餵食高價食物方面，收集問卷者的母親寫下以下文字，證明這種現象發生在一九七〇年左右，與問卷時期相同：

有的魚販一聽到「要給貓吃」就露出不悅之色，現在不管人愛不愛吃，但是會為貓買昂貴竹筴魚的傾向，不能說是一時糊塗。有時，聽到我說給貓咪吃，魚販會從後面拿出有點不新鮮、魚肚發脹的竹筴魚出來。因為價格便宜，為了回報老闆的好意就買下來了。但其實貓並不愛吃。（岩田萬里子等《猫の環》日本貓愛好會，一九八三年）

由此可知，愈來愈多飼主願意餵貓吃牠愛吃，或者是品質好的食物。這反映出高度成長期人類飲食生活的提升和生活的寬裕，貓的飲食生活也跟著豐富起來。

貓的文明病

這種飲食上的變化，對貓的身體和行動帶來兩種變化。第一是貓不再抓老鼠，第二是生活習慣病的產生。這個時期，爲了抓老鼠養貓的人已經相當少，不過，一九七〇年代前半，東京都千代田區所做的問卷調查，受訪的家庭有四萬五千戶，其中有一五％養貓，而且一半以上的家庭回答儘管養了貓，但家裡還是有老鼠。區公所判斷原因在於貓的飲食水準提高（〈鼠を獲らなくった猫〉《Cat Life》一九七五年五月號）。而一九七六年在新潟縣做的調查，認眞抓老鼠的貓只占所有貓的六%，與之所至才抓的貓占三一%，加起來也只有三七%。推測原因是以前缺乏動物性蛋白質，所以才抓老鼠，現在飲食生活改變，就沒必要吃老鼠了（〈我が輩はネズミを捕らぬ〉《朝日》一九七六年七月二十五日）。

另外，長田弘在《貓沒有未來》（ねこに未来はない）一書中寫道，最近貓不抓老鼠，原因是「吃了太多美食，忘記白飯配柴魚片這種食物了。養成了剔掉細骨和吃白肉魚，生魚片只吃鮪魚肚的習慣，很快就過胖，罹患糖尿病和動脈硬化，所以脂肪經常壓迫腸道，即使想追老鼠，也很快就氣喘吁吁、疲憊不堪」（長田弘《貓沒有未來》晶文社，一九七一年）。貓變得肥胖、體型變大，罹患糖尿病等生活習慣病的機率也大增。

貓身體異狀頻生

一九七〇年代，貓的身體頻頻出現異常，原因很可能是食物中含有化學物質。這個問題不只發生在貓身上，例如：淡路島猿猴中心因生下多隻畸型的日本猴而廣爲人知，此外，一九七三年（昭和四十八年）愛知縣也出現多隻腳部有障礙的豬。至於貓方面，根據新聞報導，位於江東區森下的動物醫院發現，貓走路姿勢怪異而帶來就診的病例增加，數量從一九七一年十月到一九七四年六月共有六十七隻，其中有貓甚至無法行走。牠們共通的特徵是飼主只餵食大量的魚。經過東京都公害研究所與東京大學醫學院腦研究所共同研究的結果，從貓的內臟驗出水銀和ＰＣＢ（聚氯乙烯）、ＤＤＴ（有機氯系農藥、殺蟲劑），因而得知該症狀是汞和其他化學物質的複合汙染所產生（〈動物異変しきり〉《朝日》一九七三年四月五日、〈ネコ水俣病「胎児性」も出る〉《朝日》一九七四年六月十四日）。

井澤房子在《與貓同行》（猫とともに，日本貓愛好會，一九八五年）中描寫一九七七年初的一段故事，附近的老太太帶著無法行走的貓去看獸醫，獸醫說：「最近這種下肢無力的貓很多，算是一種公害貓吧。」另外若山奈都代在《貓與我家的歷史》（猫とわが家の歴史，日本貓愛好會，一九八八年）有段關於一九七〇年代的回憶，記述家裡有隻愛吃紅色魚板和紅色香腸等紅色食物的貓，叫作喬波。家人總說「牠老愛吃加了染色劑的食物，以後一定會得癌症」，後來眞的罹癌病逝，因而十分後悔餵牠吃那些食物。一九七〇年代的養貓紀錄，散見類似「最近別給牠吃竹筴魚……因爲裡面含有ＰＣＢ」（羽仁美緒〈猫と結婚しています〉《Cat Life》一九七三年五月號）「最愛吃鮪魚罐頭的Lucky和愛吃竹筴魚、梭魚的咪咪，兩隻貓都生病了。牠們的症狀和恐怖的水俣病一模一樣」（〈安心して魚を食べたい〉《Cat Life》一九七三年九月號）這類的記述。看得出這個時期貓飼主有不少人已經注意到食品公害。

貓飼料的出現

剛開始，貓飼料同樣也是令人擔心的食品。本來在一九六〇年代以前，貓飼料以用賣剩的魚製成的廉價飼料爲主，連獸醫都說：「從營養學上來說，大多品質不良，當然，從醫師的立場值得推薦的產品並不多，包含外國製品在內」（D.K. Ozawa〈猫のフードと栄養について〉《愛犬の友》一九六九年三月號）。一九六八年日本貓愛好會的會報，揭露了靜岡清水食品所製作的出口用罐頭，如果在國內用訂購也能買得到的資訊，並推薦「近期魚價高漲，大家都爲貓的食物吃了不少苦頭，罐頭較便宜不妨試試」（〈猫用のマグロのカンズメ〉《貓》一九六八年七月號）。推薦理由再怎麼說還是「因爲便宜」。味道不怎麼好，「用貓飼料養大的貓，餵牠吃一次竹筴魚之後，恐怕再也不會吃那種難吃的飼料了」（〈貓舌〉《ねこ》一九六二年三月號）。

一九七一年發行的《養貓指南》（ネコの飼い方ガイド，愛犬之友社）裡寫道：「愛貓人經常使用貓飼料等即時食品。用貓飼料餵食較不費事，而且儲藏、加工、烹調都很簡單，營養均衡、口味和吸收度都好，因而得到愛貓人的青睞。」話雖如此，該書談到貓的飲食那章，貓飼料的介紹部分僅僅數行，從整體來說占比極小，雖然它說「經常使用」，但一九七〇年代前半普及率應該還很低。

一九七二年，某位飼主寫道，在店裡第一次看到鰹魚口味的貓罐頭，所以買回家給貓吃。「一向挑嘴的丘比竟然嗅了嗅開始吃了呢。感動！……一百七十克五十圓，價格也讓人滿意。」但是，即使如此「吃了幾天就膩了，還是竹筴魚比較好。所以，第二次餵時加點調味，一星期可以吃兩罐。附近的超市沒有這種罐頭，所以坐地下鐵二十分鐘，一次買十罐」「如果用奶油炒過、打個蛋再加點木天蓼的話，只吃mimy（商品名）還能忍耐個兩三天」（加藤美雪〈猫の献立のこと〉《貓》一九七二年三月四月合併號）。由此可知當時的貓飼料果然以低價、簡便爲賣點，如果不調味貓很快就吃膩，而且附近的商店也買不到。

同一時期，日本貓愛好會會長金崎肇敘述，訪問美國時，看到美國家中吃乾飼料的貓，覺得「美國的貓好可憐，只能吃飼料，而不是食物」。相反的，日本的貓吃的也許是殘羹剩飯，但是常常換菜單，幸福多了（金崎肇《ねこネコ人間》創造社，一九七三年）。對貓極爲寵愛的人還是對於餵貓這種「簡便」便宜的貓飼料有些抗拒感。

貓飼料的普及

不過，後來國產貓飼料在國內流通，貓飼料變得親民常見。本來幾乎全部出口用的貓用罐頭（濕糧），在一九六〇年代後期也供應國內，而供應國內的國產乾飼料，依據網路上的資訊，最早是Cat Line在一九七二年（昭和四十七年）十月上市的「Canet Chip」。但是當時不只一家新聞報導，日本最早的乾飼料是「Cat Lunch」（五百克包裝三百圓）（〈初の国産ネコのエサ〉《讀賣》一九七二年九月二十三日、〈国産初のネコのエサ〉《朝日》一九七二年十月四日）。不論如何，這時期各廠商陸續推出貓飼料，到一九七四年爲止，一般提到寵物飼料指的都是狗飼料狀況下，貓飼料的普及率只有二%，但一九七六年《Cat Life》雜誌的問卷調查中，使用過貓飼料的家庭占有九九%以上，不過完全依賴貓飼料的家庭只有五%，花腦筋想菜單烹調的家庭有四八%，將貓飼料摻入其他食物餵食的家庭有四三%，而餵食剩菜的家庭有五%，所以只餵貓飼料的家庭只是少數派。話雖如此，即使包含偶爾餵食的程度，已經算是相當普及了（〈猫の食生活に革命が起こる！？〉《Cat Life》一九七六年六月號）。農林水產省畜產局流通課每年發表的寵物飼料生產量統計，到一九七七年爲止，狗、觀賞魚、小鳥等的飼料生產量分別爲獨立項目，但貓糧卻涵括在「其他」項目中，直到一九七八年才成爲獨立項目（〈今や犬抜き"ペットの主役"〉《讀賣》

一九七八年十一月三十日）。

早期，貓飼料必須到寵物專賣店、貨品相當齊全的百貨公司、大型超市才買得到，不過到了一九七〇年代後期以後，當時在各地展店、持續成長的地方超市也開始上架。而且貓飼料本身也增加了顧及均衡營養的品項，出現了營養均衡、照顧貓咪健康的商品，最初稱爲「完全食」，後來改稱爲綜合營養食品。於是進入一九八〇年代後，只餵貓飼料的家庭慢慢增加。

從它的普及狀況和流通量來看，從一九七〇年的六百噸，到一九七五年的三千六百六十五噸（六倍）、一九八〇年一萬五千二百四十一噸（二十五倍）、一九八五年的四萬九千六百六十二噸（八十二倍）、一九九〇年的十一萬二千二百九十三噸（一百八十七倍），呈現滾雪球式的增加。這種增加一直持續到一九九五年的二十二萬八千七百五十噸（三百八十一倍），之後增加量才開始趨緩（《ペットデータ年鑑＆ペット産業二五年史》野生社，一九九七年、《ペットデータ年鑑二〇〇九》野生社，二〇〇八年）。而種類方面，初期濕糧（即所謂「貓罐頭」）占有較多的市占比，不過乾飼料慢慢增加，到了一九八〇年代中期，兩者各占一半，之後乾飼料的市占率緩步在成長。

貓的運動不足

另一方面，這段時期運動不足的貓也愈來愈多。如同前面提到的，高度成長期之後集合住宅增加，到了一九七〇年代之後，更增加了高層住宅，尤其是都市的集合住宅居住率上升。而且即使是獨棟建築，裝配式建築[2]的出現，使得比從前密閉性來得高的住宅愈來愈多。再加上戶外的交通意外不斷增加，很多人在集合住宅或大樓內偷偷養貓，也有人爲了避免交通事故，而把貓養在室內。

這種生活環境變化，再加上飲食生活的改變，使得貓頻頻罹患生活習慣病。一九八四年（昭和五十九年）的報紙報導都市生活的貓狗罹患椎間盤突出、牙周病、神經性掉毛症等，過去從未想像過的疾病。一般認爲最大的原因是缺乏運動加上不斷供應的美食，卻沒有消解壓力的空間。「居住環境的惡化首當其衝，但是不讓動物到戶外曬太陽的飼養方式，讓動物缺乏免疫力」，從這則新聞的報導方式來看，當時的人已認爲室內飼養對寵物並非有益（〈ペット哀話　都会人並み　病んでます〉《讀賣》一九八四年一月四日）。

2 譯注：用預鑄零件在工地裝配而成的建築。

另外，牙齒與牙齦問題也增加了。根據一九八五年的新聞，三成以上的家貓有牙結石，也經常罹患牙周病，「自己覺得好吃的軟爛食物、重口味食物，也胡亂給寵物吃。其實必須讓寵物吃硬的食物才能去除牙結石」。另外，報導中也說，過去家家戶戶都備有小魚乾，做味噌湯的湯底時用，可是受到味素或速食味噌湯增加的影響，小魚乾從廚房消失了，結果，貓吃到小魚乾等硬物的機會減少，也間接造成牙結石的增加（〈動物たちの現代病〉《讀賣》一九八五年六月四日）。當然，以往的貓並非沒有牙齒的毛病，但是貓的壽命延長，而且帶貓看醫生的飼主增加等，也是這種疾病發現數量增加的原因之一。一九八〇年代中期以後，乾飼料普及度超越濕糧，應該與愈來愈多飼主考慮貓的口腔環境不無關係。

貓便盆與貓砂

這個時期，另一個出現的商品是貓用的排泄用砂。如第三章提過的，從江戶時代起，人們多使用稱爲「糞仕」的砂盆作爲貓便盆。但是大多是幼貓用，「一般貓兒長大後，就在外出時或院子裡排泄」（福田忠次〈続ニイ君のおもひで〉《猫の会》一九六三年七月號），所以很多家庭不想聞到臭味，家裡不會放置貓便盆。前述的一九七一年（昭和四十六年）的問卷中，回答讓貓在屋外隨意大小便的人最多，有二百六十例，沒有貓便盆但讓貓在固定地點大小便的回答有六十八例，兩者合計三百二十八例。反之，放置貓便盆的回答只有一百五二十例（前述岩田江美《猫からの手紙》）。

不過，在密閉性高的住宅或高樓等室內飼養的話，不可能不放置貓便盆。高度成長期的飼養者取得貓砂有困難，很多人回憶只好晚上到社區遊樂園的沙坑偷偷挖沙回家。有人回憶：「沙量不夠，得省著用。顆粒的糞便就用筷子夾起來丟掉，沾了尿臭味的砂得一再用水沖掉。住公寓的人會把尿騷味的砂分成小塊曬乾」（坂楓〈黒く焼いた竹垣の柱で〉日本貓愛好會，一九六五年左右）。但是「室內會弄髒，而且換砂非常麻煩，加上最重要的是季節轉換時臭氣瀰漫，嗆得難受」（川瀨光代〈猫の住居　きゃってりい考現学〉《愛犬の友》一九六七年五月號），所以也有人利用撕碎的報紙或雜誌紙當貓便盆。盛砂的容器從金屬、紙箱、木箱等都有，視人而定。

塑膠製的貓便盆和貓專用的砂，最早出現是一九六〇年的進口商品。似乎也有添加香料以消除臭味的砂，但是價格昂貴，用的人很少。一九七〇年代中期以後，開始有國產品出現。貓砂盆廣爲普及。尤其是經營貓買賣的寵物店增加，帶動貓用的各種產品普及。一九八〇年代，在貓砂裡用各種手法除臭的商品，或是可作爲垃圾丟棄、沖進馬桶等各式各樣的產品紛紛出籠。

另外，說到另一個與氣味相關的問題，這段時期，關於貓氣味的投訴也增加了。但是在高度成長期之前，新聞或雜誌上幾乎不會報導過與氣味有關的糾紛。貓在屋裡拉屎的話另當別論，但是幾乎沒有人會對鄰家貓的氣味有意見。可能因爲當時很多人並不會每天洗澡，而且人類的廁所也是汲取式，街頭更是遍地垃圾，貓的氣味並不值得一提的狀態。但是隨著都市人口過度集中，人們開始在意衛生，出現收垃圾的制度、設置沖水馬桶，進而家家戶戶都有浴室的設備等，都提高了環境的衛生，使得人們對氣味敏感，對鄰家貓味道在意的人也就變多了。

經營貓買賣的寵物店登場

前面提到寵物店的增加，是貓便盆等貓用品普及的原因之一。本來在戰前就已有狗店和鳥店存在，可是除了獎勵養貓消除鼠害的時期除外，並沒有專門經營貓買賣的店，最多只有養蠶地區周邊成立捉鼠用「貓市」的這種程度。戰後到高度成長期之間，寵物店以小型店爲中心，三大品項爲小鳥、狗、觀賞魚，大部分商店會以其中一種爲主力，而且並沒有經營貓的買賣，因爲貓通常向別人要就有了，並沒有購買的需要。但是，一九七〇年代中期開始，寵物店逐漸走向大型、綜合化，買賣貓（洋貓）的寵物店也跟著增加，同時養洋貓的人也增多了（在此之前，洋貓一般必須透過貓相關團體所屬的繁殖所或熟人才能取得）。

在這種潮流中，把貓作爲主力賣點的專門店出現了，又以東京中野的普利司通（ブリヂストン）育貓園最具代表性。該店最早是買賣狗的商店，一九七三年（昭和四十八年）開始經營貓的買賣，一九七五年開設貓專屬的樓層，因而聞名全國。到了一九七七年更進一步在銀座開設專門經營貓的分店。

一九七五年，法國文學專家三輪秀彥由於從透天厝搬到大樓公寓，需要貓便盆，因而寫了一篇文章描述他第一次踏入寵物店（應該是普利司通）的經驗。「聽說有貓用的好用便盆，所以我去了寵物店……竟然是一家專門賣貓的貓店，販賣高達幾萬圓的舶來貓，到貓相關的各式用品」「在銷售小姐的推薦下，買了貓用便盆、即凝性貓砂，外加磨爪棒」（三輪秀彥〈ペットになったネコの話〉《讀賣》一九七五年十二月十一日晚報）。寵物店的貓用品一應俱全，令人耳目一新的程度，連多年養過許多貓的三輪都爲之驚嘆。

隨著寵物店增加，並且經營貓用品，與貓有關的物品也變得五花八門。一九六〇年代爲止，貓用的玩具通常是自己製作，或是用手邊就有的線或草來逗貓玩。但是，貓用的玩具、貓跳台（最早稱爲「攀爬樹」或「貓樹」）、貓抓板等各式各樣的商品，最早從美國等地進口，後來也出現了國產品，因而購買的人也增多了。舉例來說，一九七八年時，三段式的貓跳台三萬圓，一段式二萬圓。考慮到當時大學畢業的起薪約十萬日圓左右（厚生勞働省〈賃金構造基本統計調查〉），可以說十分昂貴。但是，一九八〇年代後，隨著供給量的增加，價格也降低了。

此外，幫助貓吐出胃中毛球的「貓草」也是在這個時期登場。早在一九六〇年代，如同「我國由於住宅的結構，少有完全養在家中的貓，牠們大多會在家人沒留意時到戶外吃草（把毛球）吐出來」（金崎肇《貓百科事典》日本貓愛好會，一九六五年）的記述，人們並不知道貓必須吐出毛球，可是高度成長之後，很多人將貓養在室內，對日本的貓飼主而言，它成了必須應付的問題。於是一九八〇年代起，寵物店開始賣起貓草（不過近年來，專家認爲吐毛球未必需要「貓草」）。

貓成為「家族成員」的萌芽

高度成長後的一九七〇年代後期，到一九八〇年代前期，貓的生活環境在這段期間裡有著顯著的變化。對寵物店大爲驚訝的三輪秀彥記述，他養的三隻貓「以前只吃生竹筴魚，現在只給飼料和小魚乾就足以應付」「雖然不太情願，但不得不承認我家的貓已經成了寵物，以前那種野性的本能到哪兒去了呢？捕鳥、逗蟲，在大地翻滾嬉戲的自由奔放，無視人類存在、任性生存的習性怎麼都消失了呢？」「三隻都比以前表現出更多對人類的關注。雖然不至於像狗那樣對主人察顏觀色，但是隱隱對人類有所期待的舉止，令人厭煩」（前述三輪秀彥〈ペットになったネコの話〉）。養在屋內而必須長時期與人類相處，於是貓比過去更注意人類的動向。另一方面，人也因爲貓常在左右，而關注貓的動向，貓不只是「寵物」，更接近「家人」。

當然在一九八〇年代，從總體來說室內養貓尚屬於少數，而且貓本身的人氣也遠遠不及狗。根據一九八一年總理府的「有關動物保護的民意調查」，回答喜歡狗的人占全體五五・八％，而回答喜歡貓的只有二九・六％，差距懸殊。反之，論及討厭的動物，回答貓的比例有一七・一％，是猛獸、爬蟲類、昆蟲類之外，最遭人討厭的動物（而且回答討厭狗的人，只有七・二％，爲貓的半數以下）。

即使如此，與過去「十人中有六人討厭貓」（木村莊八〈猫〉《木村莊八全集》第五卷，講談社，一九八二年，原版一九二一年），或「十人中七人都討厭（貓）」（丘羊子〈セント・エリザベス病院の猫たち〉《愛犬の友》一九六三年十二月號）的狀況相比，愛貓人的比例明顯上升。繼而如下一節所見，到一九七〇年代末之後，日本走進了慢性的「貓熱潮」時代。

慢性「貓熱潮」的光與影

「貓熱潮」時代的開端

本書的各位讀者，你們認爲「貓熱潮」是從何時開始的呢？「貓熱潮」一詞最早躍上媒體在距今四十多年前的一九七八年（昭和五十三年）。在此之前並非沒有使用的例子，但是這一年是首次明確不只一個媒體多次出現這個用語，並且被視爲社會現象。此後，這股浪潮時高時低，但是這種近乎慢性的貓熱潮現象一直持續到今天。

從前一年的一九七七年開始，貓熱潮就已露出端倪，前述的普利司通銀座店就是在一九七七年開幕，而且同年十月，CBS Sony發行《貓．美好世界》（ねこ．その素晴らしき世界）——用三十二隻貓的叫聲配音的唱片，引發話題，它很可能是史上第一張用貓叫聲製作的唱片吧。這張唱片用全長達二十八公里的錄音帶錄下貓的叫聲，以它爲基礎編輯而成。錄音時據說有的貓對著麥克風揮爪亂抓，困難重重（〈猫が歌うニューポップス〉《ペット経営》一九七七年十一月號）。同年後期出版了集齊貓攝影與散文的《貓　優雅與野生的貴族》（猫　優雅と野生の貴族，每日新聞社）和收集古今中外貓繪畫的《貓之畫集》（ねこの絵集，Quick Focus社），保羅．戴維斯（Paul

Davis）、山城隆一、淺井愼平、矢吹申彥等藝術家的個展也都推出貓的畫作，藝術界也醞釀著貓熱潮的徵兆（〈加熱するネコ・ブーム〉《芸術新潮》二九一一、一九七八年）。

貓書的熱潮

延續前一年的流行，一九七八年「貓熱潮」一舉爆發。舉例來說，這一年出版了多本貓的寫眞集。以寫眞集的部分而言，一九七一年西川治的《貓 maminette》（ねこ maminette，Best Sellers社）發行，成爲長銷書，第二年山與溪谷社出版了本多信男的《貓》，從此之後，由這兩人帶動的形式，每年固定出版。不過一九七八年一口氣發行了西川治的《茲凱羅與卡皮多生小貓了》（ズッケロとカピートに仔猫が生まれた，草思社）、熊井明子・西川治《乘著夢色之風的貓》（夢色の風にのる猫，三利歐）、岩合光昭《可愛的貓咪們》（愛するねこたち，講談社）、廣田靚子和山崎哲《貓》（ねこ，保育社）、深瀨昌久《佐助！！可愛的貓呀》（サスケ!! いとしき猫よ，青年書館）等多本寫眞集。此外，這一年也出版了本多信男的攝影作品，搭配乾信一郎文章的《貓之書》（猫の本，山與溪谷社）、大佛次郎《有貓的日子》（猫のいる日々，六興出版）、庄司薰《我會說貓語的原因》（ぼくが猫語を話せるわけ，中央公論社）、鴨居羊子《野貓虎虎》

（のら猫トラトラ，人文書院）等多本後來被譽爲名作的貓散文集。從一九七七年下半年到一九七八年出版的貓相關書籍達四十冊以上，新宿的紀伊國屋書店、神保町的書泉、銀座近藤書店、旭屋書店等東京的大型書店，陸續開闢貓書的專區。《可頌》雜誌（クロワッサン，Magazine House）在一九七六年六月出了一篇特集〈爲什麼貓書這麼多？〉，僅僅十年前還有人提到「日本幾乎沒有出版貓相關書籍，眞悽慘」（〈猫の本〉《貓》一九六七年八月號），難以置信會有這種狀況發生。

此外電視或報紙廣告也靠貓吸客，「電器產品、服裝、百貨公司的電視廣告，有貓亮相的廣告超過十支」「即使是報紙廣告，也在汽車、家庭用錄放影機等」出現，到了「隨處都看得到貓」的地步（〈ニャぜかネコブーム〉《朝日》一九七八年二月三日）。一九七九年一月播出由波斯貓和加藤剛擔任主演的電視劇《貓送的報紙》（猫が運んだ新聞）。

《貓之手帖》創刊

一九七八年（昭和五十三年），《貓之手帖》雜誌（猫の手帖，貓之手帖社）的發行也成爲話題。與使用大量攝影作品的《Cat Life》相比，初期《貓之手帖》雜誌採B6大小的小型尺寸，排滿密密麻麻的文字。此外，相對於《Cat Life》或是過去的寫眞集多以洋貓爲主角，這份雜誌把主題放在「生活中的貓」，介紹「到處都看得到的貓」作爲編集方針，另外，讀者參與型的版面架構也是特色。

該雜誌創刊準備號賣了兩萬冊以上，讀者反應熱烈。舉例來說，有人投書說，洋貓也就算了，但如果我說自己喜歡的是隨處可見的「土貓」，別人經常會露出訝異的表情，「朋友之間談到寵物，很多人把『我愛狗』說得堂而皇之，但開口說『喜歡貓』的人多少帶點靦腆」，但是這本雜誌的出版改變了情勢，表達「感謝貴刊給貓和愛貓人『市民權』，希望堅持土貓本位」的呼聲，和感謝雜誌發行的訊息不計其數（〈"愛貓族"大よろこびのネコ・ブーム〉《週刊讀賣》一九七九年一月二十一日號）。不只是名人或富人養的洋貓，連「到處都看得到的貓」都能成爲主角，這種雜誌的出現可以解讀爲貓的社會地位有了顯著的提升。

一九七九年，八鍬眞佐子主辦的《貓漫畫新聞》（ねこ漫画新聞）發刊（但是圖書館未收藏，作者不詳），雖然是自費出版，但是這是戰前《犬貓新聞》之後，首度將貓納入報名的報紙。

這種貓的熱潮，此後也恆久保持著。每年發行多本貓的寫眞集。一九八一年，所謂的「暴走貓」——即招牌台詞「別瞧不起人」，穿著學生服、水手裝的不良少年、少女式裝扮的貓寫眞

——其海報、小卡片、寫眞集等大熱銷。同年十一月甚至發行了唱片（但是唱歌的是人）。一九八二年，NHK晨間劇《從天而降的貓》（天からやってきた猫）、TBS《加世子的小貓館》（加世子の仔猫の館）等電視節目相繼推出。這一年還播映了貓型機器人出現的卡通《哆啦A夢》、名爲小鐵和安東尼奧的貓成爲重要角色的《小麻煩千惠》等電視節目。第二年，音樂劇《貓》在日本首次公演。一九八四年，小林誠的漫畫《貓咪也瘋狂》（What's Michael?，講談社）開始連載爆紅，一九八六年拍成眞人電視劇，一九八八年拍成動畫。另外，一九八六年畑正憲執導的電影《子貓物語》大賣座，票房總收入九十八億圓，成爲當時歷代國產電影票房第二名。而且《貓之手帖》、《CATS》（一九八四年改名自《Cat Life》）等雜誌銷售冊數也大量增加。

進入一九九〇年代後，「貓熱潮」一詞用得不如以前多，然而這並不表示貓的人氣下降。這個時期，受到電視廣告等影響，小型犬也受到歡迎，因此，與貓合稱「寵物熱潮」，這個詞使用機率很多，但並未改變貓熱潮的持續。貓的品種介紹書等也是每年出版，持續熱賣。一九九〇年代尤其突出的是《貓之手帖》雜誌，鼎盛時期官方數字達十六萬冊。除了母雜誌外，光是一九九〇年代就出版了約二十冊附錄書籍，主題從愛護動物到讀者投書的趣味照片都有，一九九八年也出版了VHS錄影帶版的《貓之手帖》（發行了三支）。

一九九一年度，據報貓飼料年銷售量超越狗飼料，流通量方面，相對於狗飼料在十年內增加二・九倍，貓飼料快速成長八・三倍（〈ネコがイヌ追い抜く　フード年間売上高　急上昇〉《貓》一九九三年立春號）。一九九四年，發行訂閱制的《貓新聞》（ねこ新聞，貓新聞社）。雖是月刊，不過開本是小報尺寸的報紙形式。除此之外，有關貓的書籍出版力道依舊強勁，有貓入鏡的電視廣告也恆常性播出。

貓熱潮的背景

那麼，爲什麼從一九七〇年代以後，所有寵物中唯獨貓掀起熱潮呢？一九七〇年代末的各報紙、雜誌也都熱烈討論「爲什麼是貓」的主題。而被列舉最多次的原因，還是都市化——尤其是集合住宅和大樓住宅增加的緣故。的確，在此之前，家庭通常會把狗養在院子裡，再加上狗因爲叫聲不適合在集合住宅或大樓飼養。而貓的話，即使社區或大樓禁止飼養，但偷養的人很多，這些都帶動了貓的人氣。從一九九六年東京都首次進行正式的貓飼養數調查得知，貓的飼養數遠遠大於狗，就可以確定貓熱潮確實起源自有很多集合住宅、大樓的都市。

一九八〇年（昭和五十五年）六月，《Cat Life》刊登的讀者問卷調查結果，將貓養在室內的人有二百六十三名，任其自由出入的人一百七十二名，只養在屋外的人有六名。當然，當時全國室內飼養的比例應該沒那麼高，但是買貓雜誌、書籍的人，撐起貓熱潮一角的這個客層，肯定有很多都是在都市室內養貓的人。此外，前述普利司通育貓園的老板，在一九七八年的報導中談道：「最近貓的銷量非常好。波斯貓、暹羅貓、喜馬拉雅貓，一隻十五萬上下的高價貓，一天至少賣出一隻，多時賣到四、五隻」「貓熱潮的原因大概有三個，像是大樓居住者也能飼養、知識階層感受到貓的魅力、沉浸在豪華的氛圍。對OL（女事務員）而言，貓就像是『移動的寶石』，生活中有音樂和貓是現代人的夢想」（〈ニャーニャーたる猫ブームに犬派からワンワンたる反論あり〉《週刊現代》一九七八年三月二日號）。尤其是獨居女子開始養貓，從一九八〇年出版的都會室內養貓指南《我的筆記14貓》（マイノート14ネコ，鎌倉書房）即表現出來。該書的封面文案寫著：「貓咪與我，在斗室裡過著稍微隨性的生活。」從這些現象可知，根據媒體資訊從貓身上追求時髦附加價值的人，以都會爲中心不斷增加。

如同前面敘述過的，從前對貓抱著「骯髒」印象的人很多，但是，這個時期貓的骯髒形象已經淡化了。室內養貓自然不用說，就算是出入戶外的貓，只要在鋪有柏油路的都市，接觸到從前那種滿身泥巴或是髒腳弄髒家裡的貓的機會大減，也不會因爲抓老鼠而把室內弄髒。進而，從一九七〇年代到一九八〇年代，慢慢開始普及在住家裡裝設空調，夏天關窗關門的家庭增加，與高密閉性住宅增多的加乘效果下，使得溜進他人家中的「小偷貓」減少。繼而，超市的增加，洗衣機和冰箱等家電產品、熟食或調味料．即食食品等的普及，讓家務負擔大幅減輕。婦女，尤其是育兒前的婦女避諱養貓的原因也減少了。在這種狀況中，彩色相片、印刷技術的普及，因而大量出版貓的寫眞集或雜誌，而彩色電視上播放貓的電視廣告，聚焦在貓的美感、可愛和優雅，讓人們對貓的魅力更爲傾倒。

與貓熱潮的對立

不過，在媒體上風光一時的「貓熱潮」，卻有些人抱著強烈的擔憂；不是別人，正是愛貓人士。當時貓熱潮受到一定程度的歡迎，但是也看得到對這種現象不安的報導，如「熱潮總有一天會過去。以後會怎麼樣呢……充斥街頭的流浪貓和流浪貓書……？」（〈猫の本〉《Cat Life》一九七八年十二月號）。在這股熱潮中貓的商品化愈演愈烈，很多業者抱著只要大賣就行的心態。這些業者在惡劣的環境中繁殖，賣不出去的動物就殺了處分，或轉賣成實驗用動物。

一九七八年（昭和五十三年）熱潮興起的三年後，「別瞧不起人！」的「暴走貓」大流行時，某雜誌以「別丟棄牠！」爲題，報導某間「貓寺」收留照顧了約一百隻棄養貓。報導裡說，因爲搬家、因爲皮膚病、因爲長大不可愛而棄養貓的人源源不絕（〈すてんなよ！「猫ブーム」といわれる陰で〉《週刊サンケイ》一九八一年十二月十日號）。到了一九八〇年代，人們對流浪貓的投訴不減，報紙上仍然是輪流登出排斥流浪貓的意見，和貓可憐、別欺負貓的投書。對生活富足的意識升高過程中，行政機關必須管轄的範圍也擴大，不只是上下水道和馬路等的基礎建設，也擴及都市環境、社會福祉等提高生活品質的各種面向。民衆對行政機關的要求增加，連帶的投訴也變多了。此外，由於積極驅除野狗，讓都市中流浪狗的身影變少，貓成了投訴最多的動物。

另外，進入大量消費社會的時代，在剩飯剩菜的增加、加蓋垃圾箱的採用、容易被爪子抓破的塑膠垃圾袋普及，這三者的加乘效應下，貓擾亂垃圾放置場的投訴也增加。其中，與貓相關的問題叢生，很多例子發展成虐待事件。動物愛護團體也連日接到「吃掉金魚的貓，我想把牠殺了！有人說在池塘上蓋網子，但應該是把貓先關好才對吧！」「人口這麼密集還養動物，太自私了！」「你們說來說去都在幫貓講話，那就把你們的電話打爆」的抱怨。另一方面也收到貓飼主的許多報告：「附近的鐘錶行說貓躺在屋頂曬太陽，掉了貓蚤下來，所以灑了毒藥，結果害死了好多隻經過的貓」「有人半夜用箭射死貓，丟在我家門前」「有位資產家宅院廣大，他在各處設了

抓貓陷阱，掉進陷阱的貓就任其餓死」（特集　再び猫との生活を考える」）《貓之手帖》一九八一年二月號）。

噴撒毒藥對貓造成危害的事件頻傳，光是一九八四年五月，靜岡縣田方郡函南町下毒的蜂蜜蛋糕、東京都練馬區摻毒的竹輪、東京都武藏村山市下毒的火腿，以及埼玉縣川島町摻毒的炸雞肉、大阪平町區下毒的烤肉，造成多隻貓和狗的死亡。而且這些事件的背後還是存在著地域人際關係的隔絕。一九八九年，川崎市發現多隻貓腿被切斷的事件。當時收容所人員說：「愛貓族會互相連結，但厭貓人卻是孤立行動，令人擔心」（〈検証ネコ受難時代〉《週刊讀賣》一九八九年七月二十三日號）。採取極端行爲的人與地域社會之間沒有交流，疏離、孤立的人很多。反之，飼養很多隻貓或動物囤積症[3]也從此時成爲關注的問題，但這類人士也大多是孤立於地域社會的人。本來，在人類社會的複雜化中，認爲貓和狗比人類更值得信任的人不斷增加，也是形成寵物熱潮的背景之一。人類社會功能不全產生的波紋，對貓熱潮與對貓的投訴兩者都有影響。

3 譯注：在一定空間飼養過多動物，卻沒有能力安置照料的行爲。

貓問題與地域社會

但是，如果只看媒體上沸沸揚揚的投訴，會蒙蔽了另一個事實，就是其實很多人雖然養貓，但卻能避免與鄰居之間的衝突。舉例來說，在《Cat Life》的問卷調查中，回答接到鄰居抱怨貓的人有五十五名，回答「沒有」的人卻有三百六十一名，比例懸殊（另外，回答不明的人有四十名）。也有可能飼主沒注意到自己遭到鄰居向行政單位投訴。此外，該雜誌購買者多為室內養貓也影響了數據。不過，與鄰居認真溝通，留心不造成困擾的人還是很多（〈愛読者アンケート報告〉《Cat Life》一九八〇年六月號）。在雜誌主辦的座談會上，有參與者分享，對附近鄰居造成麻煩時，比方說雖然不確定是不是自己的貓幹的，但重點是不逃避責任，連其他貓的責任都概括承受。也有人說，人際關係是基本，所以與鄰居保持良好關係很重要（〈緊急座談会　ネコも放し飼いはできなくなる？〉《Cat Life》一九七九年十月號）。

接著，在一九八〇年（昭和五十五年）時，埼玉捨貓防止會得到所澤市內各地自治會的協助，對全區進行問卷調查，回答貓會捕食鳥、金魚作為食物的人有六五％以上，但是自治會提出「（亂丟）空罐的問題更嚴重」「老居民從以前就會給流浪貓吃剩飯，即使受害也不會投訴。損失可以靠人力防止」的意見，對貓的存在未必敵視。組成自治會的老居民，即使多少出現問題，也會以地域的人際關係優先，維持好關係。相對的，地域參與度薄弱的新居民，卻呈現「對地域的交流置若罔聞，直接向公家單位投訴和處理」的狀況。總之，問題不只是出在貓或飼主，而是「彼此間互不包容的鄰居」關係。

當然，流浪貓增加太多、有的飼主不負責任都是事實，此外也不能因爲投訴的是新居民便視而不見。前述進行所澤問卷調查的團體，在這項調查後，經歷四年時間，靠著捐款、義賣、副業等方式募集資金，同時使用四百萬圓的補助款，致力爲六百隻貓實施絕育手術等啓蒙工作。最後提高了飼主的自覺，一年一百二十件的投訴到一九八三年減少到三十七件，一九八五年幾乎沒有了。過去所澤市出借捕貓籠，遭到愛護團體抨擊，但是經過這項啓蒙活動之後，幾乎不再有人租借貓籠，以至一九八六年七月廢止出借制度（關谷佐多子〈増える野良ネコ不妊手術普及を〉《貓》一九八六年秋分號）。

東京都貓條例制定的走向

一九七九年（昭和五十四年），有鑑於東京都從前一年就一再發生家裡養的猛獸攻擊飼主逃跑的事件，因而開始有意制定「寵物條例」要求寵物飼主應懷著愛心、負起責任飼養動物。京都府、川崎市等多個地方政府已經制定過有關寵物飼養的條例，但由於東京這項條例的草案，條文內容包含要求貓必須養在室內、准許公務人員進入私人住宅和土地捕抓野貓或野狗等，因而湧現反對意見，都內十一個動物愛護團體組織，在九月七日要求修正，不得有導向虐待動物的條例（〈ペット条例修正を愛護一一団体が申し入れ〉《Cat Life》一九七九年一〇月號）。

另外以《只有貓知道》（猫は知っていた，大日本雄弁會講談社，一九五七年）等作品聞名的作家仁木悅子和其他名人發動反對運動，引起社會矚目。仁木批評「貓本來就應該開放飼養，這項條例應回歸動物愛護的精神，絕育等防止困擾的方法多的是」。名人發聲發起連署運動，作家池波正太郎、戸川幸夫、向田邦子、松谷美代子、吉行淳之介等爲首，還有橋本明治、向井潤吉等畫家，鈴木義治、福地泡介、和田誠等漫畫家及插畫家，檀芙美、佩吉葉山、田中傳左衛門等演員與歌手，總共一百一十三人簽名連署下，於十月十一日向都知事鈴木俊一提出反對意見書（〈"文化的怒り" ネコ応援団〉《讀賣》一九七九年十月十二日）。

此外，十月十九日，愛貓團體連同仁木悅子、畫家松島佳壽子、八鍬眞佐子等人，發動反對寵物條例的抗議遊行。這是日本首次爲貓相關要求而發動的示威抗議。不湊巧當天大型颱風過境，狂風暴雨中，還是有約一百人集合，從日比谷公園遊行到東京車站八重州口。解散後，

數名代表將決議書交給都知事、議會等（〈"東京ペット条例"反対、台風下のデモ行進〉《Cat Life》一九七九年十一月號）。

這次反對運動發揮了效果，都議會的氣氛截然不同，自民黨的菅沼元治委員於都議會衛生勞動經濟委員會，批評「違反貓的本能和習慣」，支持者相繼發言認爲防止野貓化有別的方法。結果刪除較多人反對的條文，將法規主旨修正爲飼養者必須努力不給他人造成困擾（〈"ネコ条例"逃げ足〉《讀賣》一九七九年十月十八日、〈都のペット条例一部修正で可決〉《讀賣》一九七九年十月十九日）。

屋外貓兒的黃昏

從這項反對運動可知，「貓自由進出乃天經地義，關在屋裡很可憐」的觀念依然根深柢固。這段時期，儘管室內養貓人增加，但是如同「也是在這個時候深感在公寓或租屋養貓的難處。這也讓我回想起，當我抱起在草原上嬉戲後，全身沾滿草穗的貓時，那種曬過太陽的味道和溫暖」（〈編集室から〉《Cat Life》一九七八年十二月號）的文章，很多人未必支持養在室內，全都是不得已。

如同前述，這個問題在東京都擬定寵物條例時也曾經討論過，「把貓關在室內違反牠的習性、違反動物愛護的精神」「不行，如果野放的話，增加他人困擾，會使討厭貓的人增加。也許會被汽車撞到，對貓來說反而不幸」的論調，在東京都議會衛生勞動經濟委員會上交相爭論。爭論到最後轉向「總之，有流浪貓就是不行，有沒有可以減少的方法？」「因爲流浪貓，寵物貓跟著遭殃」等針對流浪貓的對策（〈ネコを眞に愛する者は〉《朝日》一九七九年十月十八日）。養貓方法的爭議莫衷一是的結果，於是把箭頭轉向流浪貓，好不容易讓條例歸納出一個方向。於是這段時期之後，寵物貓與流浪貓的「階級差異」益發擴大。室內當成寶貝的貓，與視爲困擾的流浪貓命運大不同。在此之前，絕大多數人都讓貓自由進出室外時，野貓與家貓的分界模糊，曾經流浪的貓也會住進家裡，家貓消失一段時間後竟然被別人家收養，或者是貓憑著自己喜好去當野貓的情形都很多。家貓與野貓之間存在著「通勤貓」或「半野貓」等稱呼的領域。

貓的筆友

在理所當然讓貓自由進出內外的時代，經常有將書信綁在貓脖子上，與人通信的狀況。一九五〇年（昭和二十五年）的《讀賣新聞》報導，住在新宿區牛込柳町的二十七歲女子收養了流浪貓「蜜子」，以解病中苦悶。有一天她發現蜜子的脖子上綁了一個小紙條，內容寫著：「牠經常來我的病床窗邊曬太陽，我想幫牠戴個項圈豈不是更可愛嗎？」來信人也是個長期臥床的十九歲的少女，此後同樣生病的兩人之間就藉由貓開始通信（〈猫の郵便屋さん〉《讀賣》一九五〇年十二月五日晚報）。松本惠子《隨筆　貓》（東峰出版，一九六二年）中也描寫一隻脖子上綁著信回家的貓，信上寫：「這隻貓叫作小喵嗎？家在哪裡呢？牠每天到我家來玩，好可愛。」從此便開始通信。最後那位女士還拜訪松本的家，熱絡聊著貓的話題。所以，人們藉由貓的通信而建立起人際關係：

> 相當久以前的事了。有一隻公的虎斑貓經常來我家玩，有一天我寫了一封信：「這隻貓咪經常來玩，給了我不少歡樂。有時會讓牠喝了牛奶再回家。不知是哪個府上的貓呢？」繫在牠的項圈上。……第二天，那隻貓脖子繫著貌似回信的紙條來了。……「我家的湯姆打擾府上，還受您的招待，非常感謝。今後也請您多多關照。」……有天傍晚一個大學生打扮的陌生男孩來訪。他站在門口說：「我是湯姆的主人，謝謝您經常關照。前幾天湯姆被車撞死了，所以家母讓我來跟您問候一下——」說著遞上點心禮盒。他說起湯姆死去的種種，又

說：「我念書的時候牠總是陪著我熬夜到半夜一點多，跳上書桌或書櫃上鼓勵我。現在牠死了心裡好捨不得。念書也沒了動力。」然後帶著悲傷回去了。透過湯姆認識的一家人，直到現在我們都還有聯繫。（齊藤壽美《猫の腰元》日本貓愛好會，一九七九年）

讓通信斷絕的交通意外，正是後來在室內養貓的數量增加的最大原因。一九八〇年代，柏油路鋪設遍及地方農道，汽車自用數量也節節攀升。所以不只是都市，地方的車禍事故機率也增加了。儘管希望讓貓在外面自由玩耍，但是萬一發生車禍死了，可就難以挽回，所以在家裡養貓的人增多。很多人更是因爲愛貓遇到交通事故，此後就把貓養在家裡。過去，主張貓有在外自由散步習性的愛護運動者，也漸漸呼籲把貓養在家中。

流浪貓的困難

但是，即使把家貓關在家裡保護，也不可能讓野貓消失。棄養貓仍舊繼續增加，一九七三年（昭和四十八年）動物保護管理法規定地方政府要接受棄養貓，一九八〇年代，貓的安樂死處分規模擴大。一九八一年二月，依據《貓之手帖》編輯部訪問東京都動物管理事務所西部支所的報

導，接收的貓中，幼貓幾乎全部安樂死處分，成貓中收費接收的部分，有半數送到研究機構作爲實驗用動物（〈トラブルのいきつく先、都の動物管理事務所を訪ねてその実態を聞いてみました〉《貓之手帖》一九八一年二月號）。此時安樂死的手法，大多注射氯仿或其他藥物，這種機制無法一次大量處分。

但是，隨著收留數量增多，有些地方政府建立起可以大量處分的機制。例如：在神奈川平塚市引進利用眞空減壓裝置，將房間空氣逐漸抽光，形成眞空狀態的處分方式。這種方法雖然可以一次處分大量的貓，但是一旦成爲眞空狀態，內臟四分五裂，不但對貓來說極度痛苦，而且善後收拾也很麻煩（〈不用意に増やした猫や、捨てられた猫は、こんな運命をたどるのです」〉《貓之手帖》一九八一年二月號）。因此後來有更多地方政府選擇痛苦較小、善後也較簡單的二氧化碳處分設備。舉例來說，東京都於一九八三年六月，在大井埠頭開設動物愛護中心，建設可執行大量處分動物的設備。建設時動物愛護團體曾指責它是「犬貓的奧斯威辛集中營」（〈動物管理センター　愛護団体が「待った」〉《讀賣》一九八三年二月二十三日），但沒有效果。其他地方政府也同樣遭到愛護團體的反對，但是排除外界壓力建造瓦斯處分設施的地區愈來愈多。全國行政單位處分掉的貓，以一九七八年度超過十萬隻，一九八二年度二十萬隻，一九八七年度超過三十萬隻的形式急速增加（第二七〇頁圖41）。

另外，如同前述，未遭安樂死的貓兒被送到大學等實驗設施，用於動物實驗的案例也很多。尤其貓適合做神經系統的實驗，「神經系統的實驗就是不經麻醉，進行痛感或電擊的實驗，過程會帶來相當程度的痛苦」（前述〈トラブルのいきつく先、都の動物管理事務所を訪ねてその実態を聞いてみました〉）。《貓之手帖》的調查報導記載了讓貓相當痛苦的事例，如爲了研究腦部功能，將電極插入腦中給予電力刺激，有的貓最後讓牠活活餓死，有的貓被破壞飽食中樞，讓牠永遠吃不停、也有進行失眠實驗，而在貓想睡時給予電擊，讓牠清醒，或是縫住眼皮讓牠無法閉上眼睛，或反之讓牠無法睜眼的實驗、又或夾住貓的尾巴調查牠能忍受多大疼痛的實驗、不麻醉下向貓脊柱神經放電，觀察痛苦度的實驗等（前述〈不用意に增やした猫や、捨てられた猫は、こんな運命をたどるのです〉）。關於動物實驗，即使是現在也很難找到資訊，更何況在當時，公開實際狀況的實驗更是少之又少。「貓熱潮」的背後卻對貓執行極端痛苦的作爲。經過總理府調查，全國地方政府轉讓、售與民間的數量，在一九八〇年代到達高峰，送到實驗室的貓每年有一萬隻以上，而最高峰的一九八四年，則有一萬五千隻以上。這一年轉讓給一般大眾的貓有七百三十二隻，轉讓給大學或研究所的數量是其二十倍。

驅逐「貓島」上的貓

不只是都市地區有在執行安樂死處分，這時期，地方上貓的數量也在增加，不少地區爲了如何處理這個問題而頭痛。尤其是在漁獲等食物豐富的島嶼，既沒有交通意外和天敵，也沒有室內飼養的必要，所以很多地區爲貓數量過剩而頭痛。例如：現在觀光客雲集的「貓島」——福岡縣相島，一九八一年（昭和五十六年）在全島捕獲了二百隻貓，交給衛生所或大學的研究室。相島有段時期認爲貓是「海中之神」，十分珍視，可是這時期數量增加太多，成了製造麻煩「莫可奈何的土匪」（〈貓の島、相島続報〉《貓之手帖》一九八一年四月號），而現在卻當作觀光資源來加以保護，歷史上對待貓的態度也是反反覆覆。

同樣的事例在全國各地都發生過，交由實驗設施或衛生所等的事例也很多。大多數的貓都是過去爲對付老鼠而引進的貓的子孫。舉例來說，一九八三年，瀨戶內海的日振島對過量的貓無計可施，居民要求縣政府捕抓、驅除，然而這些貓最早是二十多年前，由於島上老鼠吃掉梯田的芋頭和大麥成爲島民的大患，愛媛縣爲了幫助解決問題，發起「小貓一萬隻動員運動」，以一隻二十圓酬謝募集來的貓的後代。

當時，市長、市民、兒童齊聚宇和島的三間小學校園，舉行「貓的出征典禮」爲牠們送行。

一九五九年到一九六一年之間，共送了四千三百九十二隻貓到島上（小島梅代〈猫騒ぎ、勝手過ぎる人間〉《讀賣》一九八三年九月十八日、一乘谷薰〈四〇〇〇匹の子猫たちが愛媛の島々に"出陣"した話〉《Serai.jp》報島，二〇一七年十一月，https://serai.jp/hobby/278698）。

但是，在歡呼聲中迎接的這些貓本就是寵物，抓老鼠的經驗不多，打不過大型老鼠，反倒是不少貓吃了老鼠藥而死亡。不久後，在高度成長的影響下，人們出外到都市打工，島上大片的梯田都遭到棄置，老鼠也跟著減少（原田政章《段々畑》ATLAS出版，二〇〇七年）。因而數量增加的貓被島民視爲麻煩製造者。

圖37　小貓一萬隻動員運動與貓的出征典禮（引自《朝日俱樂部》〔アサヒグラフ〕1961年6月30日號）

貓的登記制度

同樣爲野貓肆虐困擾的長崎縣西彼大島（大島町）決定制定貓的登記制度，未登記的貓都視爲野貓全部驅捕。長崎大學醫學院得知該計畫，申請希望能提供貓作爲解剖教材。因而也決定把捕獲的貓都提供給該學校（〈登録制がはじまりました。これで本当に猫が幸福になるでしょうか？〉《貓之手帖》一九八一年二月號）。靜岡縣島田市則早在一九七六年（昭和五十一年）就開始實施貓的登記制度了，除此之外，也在靜岡縣藤枝市、燒津市、三島市、岡部町，神奈川縣橫濱市、厚木市、箱根町，京都府瑞穗町等全國多個地方政府實施。但是，島田市市公所在一九八〇年收到的投訴有三十四件，到了一九八二年突破八十件，在登記制施行後不減反增。報導說：「貓不可能突然變壞，而是居民的『容忍限度』降低了」「市公所也同情貓」（〈猫嫌われちゃった？〉《讀賣》一九八三年一月十九日）。

安樂死處分的批判聲浪升高

在這種狀況中，愈來愈多愛護團體對行政單位執行安樂死處分，抱著批判的意見。如同前面提過，過去很多團體認爲貓安樂死處分乃是必要之惡。愛護團體本身也執行安樂死，或是居間仲介相關工作，甚至「有著傳統的愛護團體沒有一家未經手過安樂死」。一九八八年（昭和六十三年）某動物愛護團體向東京都提出的請願中，有段要求「設立由獸醫師來執行安樂死的制度，取代大量處分設施」的文字，此舉引起其他愛護團體抗議，認爲容許安樂死處分不合情理，最後被抗議的團體不得不道歉了事（石川祐一編《動物たちのためにできること　杉本等追悼集》SUNHOUSE出版，二〇一七年）。

從此時起，認爲安樂死處分爲惡行的新團體和運動人士，開始抨擊認同安樂死的舊有愛護團體，於是認爲安樂死爲必要的團體也逐漸減少。到了二〇〇〇年代，目標「零安樂死處分」的傾向成爲動物愛護團體主流。但是，一般社會的狀況，據內閣府二〇一〇年（平成二十二年）「關於愛護動物的民意調查」中，認爲安樂死處分有其必要的人占五五·八%，認爲不應該執行的人有二九·三%，差距很大。二十四年前，在一九八六年總理府所做的「關於愛護動物的民意調查」中，回答必要、不得不做的人爲七〇·七%，認爲不應執行者二〇·一%，所以批評安樂死處分的比例雖有增加，但認爲不得不安樂死的仍然占多數。然而，二〇二〇年一月，由民間企業進行的網路調查，認爲不應該安樂死的人占六四·八%，認爲應該的人占九·一%，回答不知道的有二四%。反對安樂死處分占半數以上（Wizleap株式會社「犬猫の避妊と殺処分に関する意識調查」http://hoken-room.jp/pet/7946）。由於調查方法不同，無法進行單純的比較，但是至少在網路上，反對安樂死處分派的人數大幅增加。

絕育運動

爲了防止棄養貓增加、停止安樂死處分，從戰後早期就展開呼籲絕育運動。但是，認爲違反貓的自然生態、貓很可憐的聲浪很高，也擔憂醫療事故的發生，所以很難普及開來。一九七九年（昭和五十四年）總理府舉行的「有關動物保護的民意調查」中，只有一〇．七％的飼主幫貓狗做絕育手術（圖38）。

一九七五年十月十九日的《朝日》以〈令人嘆息——絕育而失去精力的貓〉的標題進行綜合報導，介紹了詩人白石和子的意見：「雖然說是爲了貓好，但說到底還是人類的自私。」連日本動物愛護協會附屬動物醫院的院長都站在無可奈何的立場評論道：「確實從生理面來說，不動手術比較好……但是爲了讓牠們快樂的生活在現在的都市中，不得不這麼做。」一九八六年，以首都圈二百名愛貓人爲對象進行的問卷調查，半數以上的人也回答：「出自自然的天性，沒必要刻意改變」（〈愛猫家の悩みは"悪臭"〉《讀賣》一九八六年一月十九日）。

面對這種狀況，動物愛護團體報導安樂死處分、轉作實驗動物等實情，宣揚絕育的必要性，另一方面考慮到不普及的原因在於手術費昂貴，因而會由愛護團體提供補助金，或者介紹手術便宜的獸醫師。進而向行政單位遊說，因而出現地方政府會提供補助金的縣市。最早是大阪府在一九七九年訂定十一月爲貓狗絕育手術獎勵月，爲每一隻貓提供二千圓補助。而當時手術費的行情是一萬二千圓（〈犬、猫の避妊手術に奨励金〉《貓》一九七九年盛夏號）。

之後，尤其是一九八〇年代後期到一九九〇年代初期，各地提供獎勵的行政單位增加，東京都地區最早在一九八七年，於世田谷區引進補助金制度，一九九一年文京區創全國首例，定出全

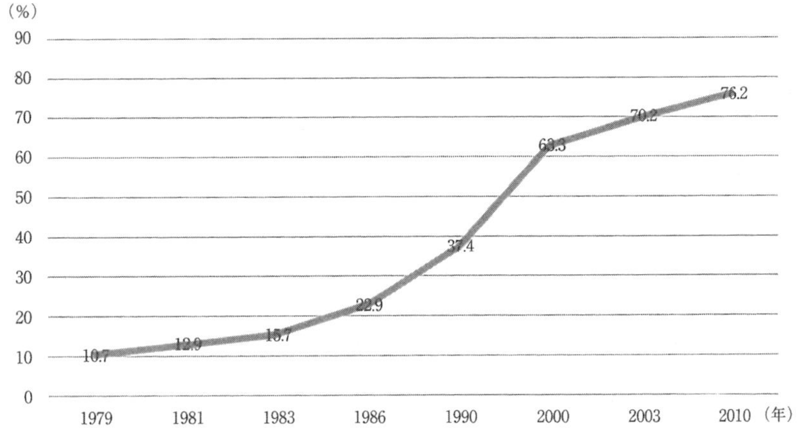

圖38 回答做過貓絕育手術者的比例（總理府・內閣府調查）

額負擔流浪貓絕育手術費用的政策（〈文京区がノラ猫不妊手術作戦〉《朝日》一九九一年二月二十三日）。後來，泡沫經濟崩壞後稅收減少，一九九〇年代後期不少地方政府一度廢止或刪減補助金，但之後也有單位重新設立制度。直到現在，許多地方政府仍然持續運用這套補助制度，因而同意手術的飼主節節升高，在二〇一〇年的調查中，七六・二%的飼主已幫寵物做完絕育手術。最初從投訴開始，行政單位對貓問題的處置，到了此時已經超越單純爲了解決投訴，朝著爲貓本身福利的方向發展。

貓成爲「社會的一員」

寵物的救援活動

一九九〇年（平成二年）前後，愛護團體與政府單位的合作有了快速的進展。本來由於動物愛護管理法的收留規定、居民抱怨的增加等，很多地方政府才不得不開始安樂死處分，但是負責處置的職員儘管公事公辦，還是有很多人在精神上因爲殺害貓狗感到非常痛苦。當然在單位中也不乏愛貓、愛動物的人，在貓的熱潮和嬰兒潮中，人數更有增加之勢。再者，投訴減少之後，要求行政單位友善動物的呼聲也增加。在這種氛圍中，漸漸有單位與愛護團體合作，舉辦普及、啓蒙愛護思想的活動和認養會。

行政單位與愛護團體之間的合作中，最值得讚揚的應該是災難救助。一般以爲最早眞正開始在災難發生時進行寵物救難活動，是一九九五年阪神大地震的時期。但是走到這一步之前，還有一段前史。災難發生時是否該救助寵物的問題，最早受到矚目的是一九八五年（昭和六十年）伊豆大島三原山火山爆發時。當時，島上一萬多位居民全數到島外避難，但卻把許多動物留在島上。這個情況經由登島採訪的媒體揭露出來，一時間，應該一起帶走避難的意見，與帶著動物避難會影響到其他人，留下牠們也是不得已的意見，在各種媒體上交相紛呈（〈伊豆大島噴火と動物・ペットたち〉《貓》一九八六年冬至號）。

除了收容所和消防隊員去照顧留置的寵物外，也採取了部分救援行動，但是譴責救援行動，認爲「這種時候還管什麼動物」的聲浪高漲，某個電視節目租用直升機執行救犬行動時，湧進大量批判意見，發展成電視台只得低頭道歉的事態。從人們開始關注災難時動物的存在上，就具有劃時代的意義。但是這個時期，人類陷入困境時不應理會動物的觀念還是占多數，也有因而失去性命的動物。

五年後的一九九〇年，長崎雲仙普賢岳爆發，第二年發生大規模的岩漿溢流慘劇時，對被留置在警戒區的貓狗進行了保護行動。原本是愛知縣的公司職員發起的活動，後來與認同此舉的動物愛好者結合，組成「雲仙受災動物救援會」，救助貓狗的同時，也舉行尋求新飼主的活動（〈雲仙普賢岳被災猫の里親探し〉《朝日倶樂部》一九九三年三月十九日號）。這是第一次爲動物成立的救護組織，另外也有地方政府與獸醫協會、愛護團體相互聯絡進行活動。但是並未設置以行政單位來主導的救難總部，而且也發生部分團體在未得到飼主同意下尋求新認養人等，因經驗不足而產生的糾紛。

劃時代的阪神大地震

一九九五年一月十七日，發生以兵庫縣南部爲震央的大地震時，行政單位、獸醫協會、愛護團體首次通力合作，執行大規模且具組織性的救援行動。受災地區貓的飼養數約十萬七千隻，狗八萬隻，後來推測與飼主失散、受傷的貓約五千隻，狗則約有四千三百隻。

地震剛發生時，確實無暇顧及動物，但是地震兩天後的十九日，動物救援就開始動起來，在西宮惠比壽神社前設置動物救援營。二十日在總理府的指導下，動物相關的十一個團體設置了「兵庫縣南部地震動物救援東京本部」，二十一日在兵庫縣獸醫師會設置「兵庫縣南部地震動物救援本部」，後來又設置神戶動物愛護中心、三田動物救護中心，作爲受災動物的收容場所，暫時安置動物和尋求認養。前者收容了一千〇八十八隻（其中貓有二百九十二隻）、後者收容四百六十隻（其中貓有二百一十隻）。受災動物在安置期間約有三分之二是轉讓給新主人。而且此時設置的避難所中有八成都可以飼養動物。根據對策總部的紀錄，這五十六個避難所中，有三處發生寵物相關的糾紛，有五處向對策總部投訴，剩下的四十八處都沒有浮上檯面的糾紛。但是將貓留在倒塌的家裡，對比帶進避難所的比例，在地震一個月後時前者上升到五七・五％，同住在避難所的只有二五・五％（《大地震の被災動物を救うために》兵庫縣南部地震動物救援本部，一九九六年）。貓沒有被繫繩飼養的習慣，在不熟悉的場所會有累積壓力或逃亡之虞，所以可能很多飼主因此將貓放在自家另行照顧。

關於民眾與寵物在避難所的共同生活方面，根據日本愛玩動物協會的徵詢調查，「主人、負責人妥善應付」（一二・五％）「有人抱怨但沒有公開」（七三・二％）等，算是情況比較良好，部分避難所剛開始也有異議，但是也有兩例的狀況是在充當避難所的學校裡，校長透過校內廣播直接呼籲「動物們也是這次地震與人類一起倖存的生命，請大家不要歧視，好好愛護牠們」，而有所轉寰（〈犬や猫にも残る後遺症〉《讀賣》一九九五年四月一日）。動物救助活動募得的捐款，在地震發生的兩個月後達到一億三千一百五十萬圓，後來到一九九六年的十月爲止，總額更達到二億六千四百七十九萬圓。此外，參與救援活動的義工也到達二萬一千七百六十九人（前述《大地震の被災動物を救うために》）。回想三原山火山爆發時要求不應顧慮動物的強烈聲浪，情況可以說已有極大的轉變。

此後，每當發生大規模災害時，行政單位與獸醫師會、愛護團體合作救護動物已成爲常態。沿襲阪神大地震的經驗，一九九六年日本動物愛護協會、日本動物福祉協會、日本愛玩動物協會、日本動物保護管理協會與日本獸醫師會，共同組織緊急災害時動物救援本部，建立受災地的動物救護體制。之後，在有珠山爆發（二〇〇〇年三月）、三宅島噴發災難（二〇〇〇年六月）、新潟縣中越地震（二〇〇七年七月）、東日本大地震（二〇一一年三月）等，動物救援本部都參與受災動物救護行動。但是日本東北大地震時，由於參與救援行動的動物愛護團體數量增加，在捐款用途和組織運營上發生了糾紛。

行政單位與獸醫師會、愛護團體攜手，執行救護活動的方針後來仍然持續下去。環境省自然環境局總務課動物愛護管理室在二〇一三年六月擬定「災害時寵物救護對策指導準則」。二〇一六年四月熊本地震中，也在當地設置動物救護本部，依據當時發生的糾紛和問題，到了二〇一八年將原準則修訂爲「人與寵物災難對策指導準則」。現在書店裡有關災害時寵物保護的書籍比比皆是，災害時保護動物已成了理所當然的觀念。儘管現下還有各種問題需要克服，但是貓已成爲人類社會的一員，災難發生時也必須救助牠們。

貓的壽命延長

隨著室內飼養的貓增加，當作「家人」疼愛的貓變多，貓也愈來愈長壽。戰前，在一九二七年（昭和二年）的文章中，五歲的貓卽以「老貓」來稱呼，更說「貓的五歲相當於人類的五十歲或六十歲」（生方敏郎〈老猫とお君さん〉《新青年》八—三，一九二七年）。木村莊八也在一九五二年寫道：「依敝人的經驗，首先『十年』乃貓之天命……第五、六年起，除了犬齒外，上下牙盡皆脫落。我想這應該是老天告知『你命不久矣』的死刑宣判。不久後消化功能變得衰弱，肉與皮僵硬，不再戲耍，漸漸在安祥中去世」（木村莊八〈私の猫達〉《木村莊八全集》第五卷，講談社，一九八二年）。井伊義勇寫於一九五八年的《貓》（角田新書），書中也有「七年或十年便屬於長壽了。多則三年左右就消失或者死亡。」

但是，到了高度成長期，如同一九八六年永町忠一的敍述，老化的徵兆約在十歲左右顯現（永野忠一《猫の民俗誌》習俗同攻會，一九八六年），貓的老年期向後延長了。依據林谷秀樹的研究，一九八一年到一九八二年死亡、埋葬在動物墓園的貓，平均死亡年齡爲四・二歲（林谷秀樹等〈動物霊園のデータを用いた猫の平均余命の推定とその疫学的考察〉《日本獸医学雜誌》五一—五、一九八九年）。之後，利用動物醫院貓的死亡數據計算的平均壽命，一九八三年四・三歲、一九九〇年五・一歲、一九九四年六・七歲、二〇〇九年九・九歲，二〇一四年十一・九歲。由此可見在一九九〇年代以後壽命急速延長（圖39，林谷秀樹等〈我が国の犬と猫の平均寿命と死因構成〉《JSAVA NEWS》一五六，二

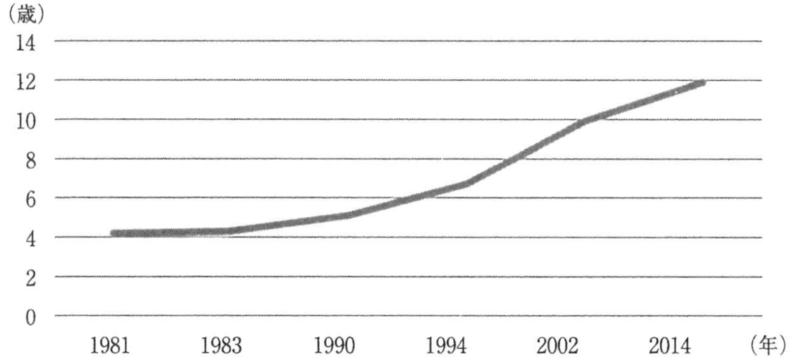

圖 39　貓的平均壽命（引自林谷秀樹等人的論文，出處請參考正文）

〇一七年）。

從前貓壽命短的時代，死因大多是與其他貓打架受傷、遭到狗或人類的暴行，或者是吃到老鼠藥、殺蟲劑及其他的食物中毒等。此外，將貓關在室內飼養的比例增加，也爲貓的長壽帶來很大的影響。而且在貓狗專門醫院工作的獸醫數量從一九七〇年代後期急速擴增（圖40），動物醫院和獸醫人數的增加、獸醫學的進步、帶貓去醫院診療的飼主變多，應該都有影響。

貓醫學的進步

戰前，比起狗、牛、馬等動物，對貓的醫療，不管是診療或是研究，比例都並不高。一九二八年（昭和三年）到一九四三年刊載在《應用獸醫學雜誌》，一百二十九篇貓、狗疾病相關論文中，檢查有完整病歷的二百

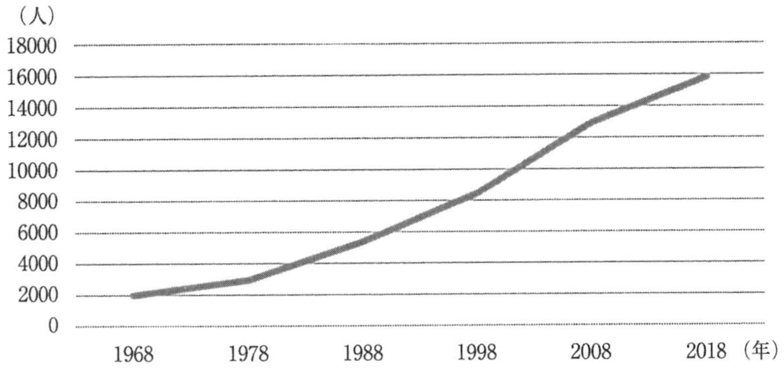

▌**圖 40**　在貓狗專屬私人診療機構工作的獸醫師人數（引自農林水產省「家畜衛生統計」「獸醫師到職狀況」）

九十八個案例，其中狗有二百七十九例，貓只有十九例（山田今朝吉〈戦前・戦後における小動物（犬・猫）疾患の変遷について〉一—六，《獣医畜産新報》六九一—六九七，一九七九年）。

即使是戰後，一九六〇年代以前，狗的診療還是占大多數，因此主流的想法會認爲「過去大家的觀念中幾乎都認爲動物醫院是狗去的地方」，所以「不會治療貓的疾病」「貓生了病或死了就算了」。但是，動物愛護協會附屬醫院的收診病例，一九七二年時貓與狗的診療數量各占一半，在此之後，貓的數量逐年增加（〈ホットインタビュー　前川博司〉《Cat Life》一九七八年八月號）。

「生了病就算了」的代表病例，是「貓泛白血球減少症」，這種病最早證實的大流行是戰後沒多久的一九四七年到一九四八年左右。最初，全國因「貓的怪病」導致貓陸續死亡的狀況，登上新聞版面。過了一段時間查出它是由貓泛白血球減少症病毒（Feline Panleukopenia virus，FPV）所引起的貓泛白血球減少症。昭和戰前時期，日本就已經認識這種疾病，但沒有像戰後爆發大流行。

而且，戰後在某段時期之前，多將這種病稱爲貓的「傳染性腸炎」或是「貓瘟」。從模仿犬瘟之名，稱其爲「貓瘟」，也反映出當時寵物醫學是以狗爲中心（歐美已在一九三〇年代末期認知這種病不同於瘟熱或腸炎，應該稱呼貓泛白血球減少症）。戰後很長一段時間沒有日語的貓專屬醫學書，最早專門介紹貓的綜合醫學書是E・J・卡柯特（E. J. Catcott）編，幡谷正明、石田葵一監譯《貓的內科學・外科學》（猫の内科学・外科学，日本獸醫師會，一九六七年），此後很長一段時間，它都是最詳盡的日語書籍。

即使如此，隨著養貓者的增加，自一九六〇年代開始使用貓泛白血球減少症疫苗，獸醫數量也增加之後，貓醫學的研究跟著漸漸興盛起來。一九七〇年代中期，在日本首次提出貓的淋巴癌、肥大細胞瘤、病毒性鼻氣管炎、糖尿病等現在常見疾病的報告，推動貓的病理研究。一九七〇年代後期，提出弓漿蟲症、病毒性呼吸系統病、貓傳染性腹膜炎（FIP）、心畸形等報告，一九八〇年代更提出子宮蓄膿症、貓白血病病毒（FeLV）的報告等，貓獸醫學也在日本扎根（石田卓夫〈猫の医学の変遷と将来〉《獣医畜産新報》七〇─八，二〇一七年）。貓的疫苗接種率在二〇一四年時達五四％，因感染症而死亡的貓，在一九九〇年到二〇一四年這二十五年間，從二五％，減少到一二％（〈イヌ一三・二歲、ネコ一一・九歲平均寿命最高に〉《日本経済新聞》二〇一六年九月一四日晚報）。此前並沒有這方面數據，但有「過去貓腸炎盛行，六到七成的貓到了三到四歲，大多會感染嚴重的下痢而死亡」的證詞（清水健兒〈猫を飼って五〇年〉《貓》一九八八年立夏號）。高度成長期後，由於疫苗的普及，應該相當減少很多了。

醫療效率提高，自然也帶動醫療費的高漲，因此從事健康保險事業的團體應運而生。一九七〇年代中期，這種事業最早推出的制度是以會員制收取會費，藉此能接受簽約獸醫的低價診療。一九九四年底推出寵物住院共濟制度，並擴展成健康共濟制度。二〇〇五年七月保險業法修正，在制度上廢止無認可共濟後，[4]共濟制度轉移到保險制度。如今有十幾家公司經營寵物保險。但是即使是現在，保險加入率也不到一〇％（不過依調查母體的不同，數值有所差異，正確的加入率不詳），比例並不高。即使接種疫苗，很多飼主平常不太帶貓到醫院，所以在醫療上花費的金額，也視飼主而有所差別。

貓熱潮與投訴的夾縫間

上面述及貓的醫療發達及其所帶來的貓高齡化，畢竟只是家貓世界裡的狀況，流浪貓並沒有獲得這樣的恩典。雖然沒有可信的統計，但是現在據說流浪貓的壽命約爲四年左右，在這層意義

4 譯注：即不受保險業法或其他特別法律規範（無根據法）、無監就單位的共濟。

上，家貓與野貓的階級差異又更大了。

另一方面，貓熱潮帶動下愛貓人增多，所以餵食流浪貓的人也變多了。走在路上，不時會看到電線杆或牆壁放置裝水的寶特瓶，用以驅貓。[5]不過，這種寶特瓶是在一九九四年（平成六年）才開始引人注目。爲貓施行絕育手術、接受牠成爲社會一員的行爲，與還是討厭有人餵食流浪貓的人，兩者之間還是會發生爭執。

例如，一九九三年的《朝日新聞》報導了這樣一則事例。豐島區東長崎一帶，小酒館和停業的居酒屋之間的巷子裡住著流浪貓，沒多久那隻貓生了小貓，所以酒客和附近鄰居約三十人募款，幫四隻貓做了絕育手術。後來母貓下落不明，但沒多久，小貓棲息的地方被人撒了消毒液之類的東西，害得小貓眼睛表面生了幾乎形成膜的眼屎。連續幾天那地方一直被噴撒藥劑，有一天某個人在餵貓時，住在附近的居民突然怒喝：「不要在那地方餵貓」「臭死了！」但是，這一帶的惡臭並非貓造成的，所以他流著淚說：「對不起，請你聽我說」「隔壁收掉的居酒屋裡有東西腐爛了。」第二天起就沒有再噴藥劑了（〈子猫の住む路地に消毒液がまかれた〉《朝日》一九九三年十二月十四日）。

即使做了絕育手術，討厭貓的人只要看到貓在那裡，還是會感到厭惡。這個例子告訴我們，貓要在地域內活下去，絕對必須取得溝通，得到周邊居民的諒解。

「地域貓」活動的誕生與普及

在這種狀況下，經由行政機關媒合，爲建立愛貓人與地域社會的交流，而誕生了「地域貓」活動。一九九七年（平成九年）起首度在橫濱市磯子區舉辦。該區自一九九四年起，有關貓的投訴增加，因而自一九九七年起，用「防止流浪貓對策事業」的名義展開這項活動。舉行過數次問卷調查和解決區民問題的座談會，讓居民彼此之間不斷對話。由於食物不充足，所以貓會翻垃圾偷東西，只要按照規則定時餵食，流浪貓就會改變行動模式，品行也會變好。在這樣的思考前提下，在爲流浪貓執行絕育手術後，建立將餵食地和排泄處設置在固定場所，並切實清掃的規則，同時呼籲區內一百七十一個自治會共同合作，努力建立一個流浪貓不繁殖，能與人類同存的地域（〈「街ぐるみで飼う「地域猫」」〉《朝日》一九九八年十一月九日、加藤謙介〈「地域猫」活動における「対話」の構築過程〉《ボランティア学研究》六，二〇〇五年）。

5 譯注：寶特瓶的水會反射陽光，貓覺得刺眼而不想靠近。

磯子區的成功案例傳播到各地，接著東京都新宿區、世田谷區，橫濱市港南區、都筑區，埼玉縣和光市等也都展開同樣的嘗試。此外，這時候也在變得普及的網路上建立「貓救助」（ねこだすけ）網站（一九九七年五月開設），傳達地域貓的諮詢、網站架設教學等資訊，「地域貓」活動因而擴展到全國（〈街が飼い主「地域貓」〉《讀賣》一九九九年一月二十九日晚報）。

人們對家中寵物疼愛如同「家人」，反之流浪貓卻置身在艱苛的環境，而繁殖過剩的貓則被送到地方政府，不是安樂死就是用於實驗。但是，由於這種「地域貓」

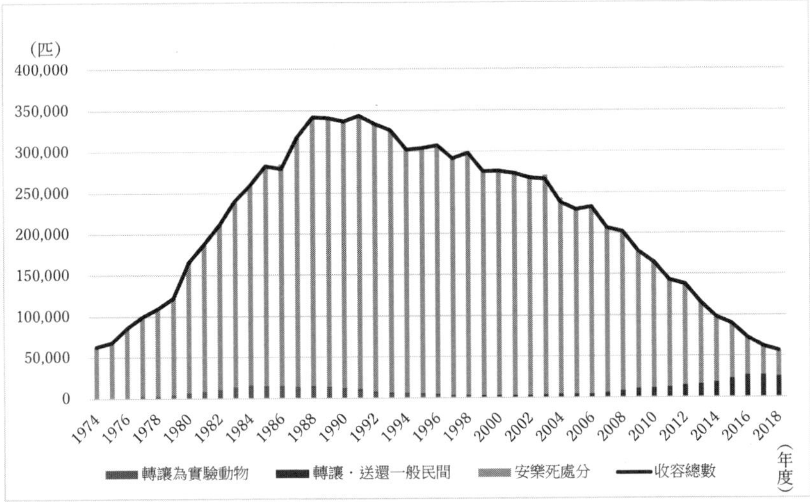

圖 41　地方政府收容、轉讓、安樂死處分的貓數量（依據環境省《動物愛護管理行政事務提要》）

活動的落實、行政單位訂立嚴格的收容標準，同時與愛護團體的合作，讓爲棄養貓尋找認養人的地方政府愈來愈多，使得安樂死處分的貓漸漸減少。另外，過去地方政府轉賣給大學研究設施的貓很多，但由於受到社會的非議，一九九〇年代以後，愈來愈多地方政府終止轉賣作業，轉賣數量也降低。二〇〇五年，在動物愛護管理法修正後廢止轉賣。話雖如此，動物實驗本身並未廢止，所以用貓進行的動物實驗，現在仍在進行中。

網路上的貓與國芳的再興

前面已提到，「地域貓」活動的普及，網站發揮了一定程度的功能。而藉由網路的出現，早年傳承下來的「貓熱潮」也展現新的面貌。

變化之一，過去的貓熱潮主要集中在「可愛的」貓身上，但在網路的世界，並不只是單純表現可愛，更多聚焦在「有趣」上面。這種變化早在網路出現前，就已在雜誌中顯露端倪。舉例來說，《貓之手帖》在一九八二年（昭和五十七年）開闢的讀者投稿攝影專欄博得人氣，拉高了銷售冊數，也發行了好幾本彙總的寫眞集。這條脈絡隨著一九九〇年代末以後數位相機的普及，一舉在網路上繁盛起來。而在匿名留言板「2Channel」中誕生的「MONA」「GIKO貓」等

ASCII藝術，也創造出將貓擬人化，加入各式各樣台詞來搞笑的文化。比起只有可愛的圖像，導入趣味、滑稽的呈現方式，更有吸引人氣、擴散出去的傾向。而二〇〇八年的「貓鍋」，也就是貓在陶鍋裡卷成圓形的影片和照片掀起熱潮，而它就是在「NICONICO動畫」影片網站上誕生的。

於是，愈來愈多人喜歡各種沒有矯飾、姿態可笑、笨拙、「好笑又可愛」的貓照片或影片。貓的動作靈敏，以前沒有一台高價的相機，就無法捕捉到一瞬間的可愛動作。但是，數位相機性能的進步，以及應用其技術的智慧手機的普及，讓人們可以輕易拍攝到貓在日常生活中的趣味動態。而這種照片最初在留言板，後來透過社群網站不斷擴散。這種並非只有可愛，而與趣味、滑稽相結合的手法，與江戶時代歌川國芳畫的貓有著相似的元素。幾乎與網路上貓照片增多的同一個時期，國芳的貓浮世繪又成爲熱門流行，許多展覽的舉辦並非偶然吧。一九九〇年代前，當雜誌、書籍彙編貓圖片特集等，介紹爲數眾多的圖像時，國芳的畫作只是其中之一，甚至有的特集完全沒提及。但是二〇一〇年代以後，一提到貓的畫，最先介紹的一定是國芳的作品。

一九九〇年代，貓熱潮曾與小型犬熱潮合一形成「寵物熱潮」，直到網路普及後才再次稱爲

「貓熱潮」。貓的身體比狗柔軟、能自由扭動，所以能拍攝出更多有趣的姿勢和表情，適合與網路搭配，這些都是網路上貓熱潮再起的原因之一。

從「貓熱潮」到「空前貓熱潮」

網路上貓熱潮散播之初，雜誌界也同步掀起貓熱潮。二〇〇〇年代前期，《貓日和》（貓びより，辰巳出版，二〇〇〇年）、《ねこ》（Neko Publishing，二〇〇一年）、《貓 Chat Vert》（阿波羅出版，二〇〇一年）、《貓丸》（ネコまる，辰巳出版，二〇〇二年）、《NEKO倶樂部》（ねこ倶楽部，誠文堂新光社，二〇〇三年）、《貓的心情》（ねこのきもち，倍樂生出版，二〇〇五年）等貓相關雜誌相繼創刊，書店雜誌擺設區呈現百貓齊放的狀態。除此之外，一般雜誌也推出更多貓特集，還有小報大小的預購制《月刊貓友新聞》（Muu's Super Office）也在二〇一〇年發行。從二〇〇〇年代中期開始，貓相關的漫畫雜誌陸續上市，如《貓的尾巴》（ねこのしっぽ，日本出版社，二〇〇四年）、《貓罐》（ねこかん，學習研究社，二〇〇六年）、《貓拳擊》（ねこぱんち，少年畫報社，二〇〇六年）、《貓球》（ねこだま，青葉出版，二〇〇六年）、《貓的哈欠》（ねこのあくび，文化社，二〇〇六年）、《Neko

Mero !》（ねこメロ！，幻冬社漫畫，二〇〇七年）、《貓友》（ねことも，秋水社，二〇〇九年）、《Neko Q》（ねこQ，HOME社，二〇一〇年）等。同一時期，岩合光昭的貓寫眞集也備受注目，進入二〇一〇年代，岩合拍攝的貓風靡一時，電視節目《岩合光昭的貓步走世界》（二〇一二年開始播出）也成爲熱門節目。

另外，二〇〇〇年代後期也颳起貓咖啡館風潮。一九九八年，「貓花園」於臺灣臺北市開幕，是全世界第一家貓咖啡館。二〇〇四年，從這家店得到靈感，大阪開設了日本第一家貓咖啡館「貓的時間」（猫の時間），該店出現後，日本各地陸續有貓咖啡館開張，快速掀起熱潮。

適逢其時，網路的普及加快了資訊傳播的速度，並且能夠實現過去貓雜誌難以達到的雙向資訊交換。因此，愛貓同好紛紛在網路上傳遞資訊，各地的招牌貓、貓島等貓的相關景點得以吸引人潮。和歌山電鐵貴志川線的「小玉站長」雖然最初是因爲電視報導了站長就任典禮（二〇〇七年）而聞名全國，但是之後透過網路一傳十、十傳百的擴散，最後連國外都有粉絲造訪。如果只靠電視恐怕不會如此走紅吧。此外，網路上以會津鐵路蘆之牧溫泉站的「巴斯站長」（ばす駅長，二〇〇八年就任名譽站長）爲首，會互相交流各地的招牌貓、貓相關史跡，進而討論所謂「貓島」的情報等，於是以貓爲賣點的觀光景點陸續增加。所以二〇一〇年代，不時會聽到「空前貓熱潮」一詞。二〇一五年開始，仿當時安倍晉三內閣經濟政策「安倍經濟學」，而創造出「貓經濟學」這個新詞，它的經濟效應也成爲話題。

「空前貓熱潮」的背景

上述的「空前貓熱潮」可以說是在各種媒體交互作用下，以滾雪球的方式膨脹而成。其中，網路厥功甚偉。像「小玉站長」這類的招牌貓，其實以前就有。如一九九〇年代前期，千葉市京成幕張站有隻貓站長叫「小白」。牠戴著站長帽，名幅其實是個「貓站長」，應該算是小玉站長的前輩。但是，雖然牠在地方上受到喜愛，但是當時沒有網路，這個消息並未傳播到全國。除非電視採訪報導，否則這種貓不可能馳名全國。而且，電視或報紙的報導也只有一次，人氣熱度經常稍縱即逝。而網路把報導存檔化，隨時都可以參考。實際造訪過的人貼上照片和報導，評價更加傳揚。愛貓人專有的社群多如春筍，資訊容易傳播。這種形式造就了「空前貓熱潮」，而且能夠保持熱度。

從另一個角度，這股「空前貓熱潮」的背後，反倒是因爲都市的貓減少所致。經過泡沫時期的地價上漲和後來的再開發過程，都市地區的透天厝減少，集合住宅和大樓增加。再加上道路拓寬，車流量大的馬路所包圍的水泥叢林增加，都市裡貓的數量一再下降。以前，住宅區裡所到之處都看得到貓，所以沒必要特地到貓島或貓咖啡館。但是都市裡的貓減少，因而產生了新型的活動——特地到貓景點看貓。

二〇一七年，寵物食品協會所做的「全國犬貓飼養實況調查」中，貓的飼養數達九百五十三萬隻，超越狗的八百九十二萬隻，經新聞報導後蔚爲話題（〈ペット数ついに猫が犬超え〉《朝日》二〇一七年十二月二十三日）。當然，它的原因並不單純只是貓的人氣高，而是大樓增多，雙薪家庭增加，愈來愈少人願意飼養需要一定空間和定期散步的狗。此外，一九七五年到一九八〇年左右，核心家庭化達到高峰，之後便開始減少，反倒是一人獨居的家庭變多。進而核心家庭的結構在一九七〇年代中期，夫妻與孩子的家庭比例到達巔峰後漸趨減少，而頂客族家庭比例增加。頂客族家庭在二〇一〇年占所有家庭比例一九・八％，一人獨居也增加到三二・四％（森岡清志、北川由紀彥《都市と地域の社会学》放送大學教育振興會，二〇一八年）。不必帶出門散步、比較不費事的貓正好適合成爲組成人數少的家庭中的「家人」。

貓雜誌的變化

然而，網路的普及也造成後來的貓雜誌銷量下跌。戰後第一本貓的商業雜誌《Cat Life》的後繼者《CATS》在二〇〇七年更名爲《貓生活》，成爲雙月刊，二〇一四年停刊。而曾經是貓雜誌龍頭的《貓之手帖》在二〇〇八年停刊，之後開設手機網站《貓之手帖手機版》，但是也在二〇一二年終止服務。雜誌銷售量的低落並非只有貓雜誌，但是當網路晉身爲資訊交換的主流後，買雜誌的需求自然降低。一九九〇年代堪稱隆盛的《貓之手帖》，由於二〇〇〇年代競爭雜誌的增加，再加上原本就標榜庶民派，而且又重視讀者投稿等，很多元素都被網路所取代，遭受到正面的打擊。

在這局勢下，雜誌業也在爲網路時代如何生存進行種種摸索，《貓日和》刊載許多在街角拍攝貓「自然姿態」的照片，在這層意義上，它一方面趕上與網路同樣的時代愛好，但同時也刊載岩合光昭爲首的專業攝影師拍攝的高水平照片，以此與網路上的照片區隔，成爲二〇一〇年代最受歡迎的貓雜誌。另外不在書店販賣，採取定期訂購、配送的《貓的心情》則隨書附贈貓喜愛的玩具等物件，維持人氣不墜。另外，《ねこ》雜誌近年多刊登名人與貓的小故事，封面照片也用名人搭配貓的組合，營造流行雜誌的氛圍。只在九州山口縣販售的寵物雜誌《犬吉貓吉》，提供許多全國版雜誌所沒有的日常詳細資訊，同時也有很多讀者參加型的內容，透過作爲一本編輯部與讀者距離相近、貼近地域型的情報雜誌來吸引讀者。

如此可知，現存的雜誌試圖推出與網路不同的特色來獲得讀者。但是不可否認，以前幾乎都是月刊的貓雜誌，現在大多是雙月刊或季刊，也陷入銷售量減少的頹勢。

貓虐待事件與動物保護管理法的修訂

網路的普及也給了虐待動物者聚集的空間。二〇〇〇年代走紅的匿名留言板「2Channel」在愛好寵物留言板上，出現多起發布動物虐待相關貼文，故意找碴的搗亂行爲。爲了隔離這些人，設置了討厭寵物的留言板，但此舉卻讓搗亂行爲更加升級，進而出現炫耀自己虐待動物的人物。尤其是二〇〇二年五月，有個用「迪勒萬格」（Dirlewanger）[6]作爲網名的人士，實況虐貓行爲，成了社會譁然的「福岡虐貓事件」。後來，私家偵探營運的網站用某種手法查到凶手的個人資訊，在網路上曝光，網友要求逮捕的請願不斷湧到福岡縣警，最後終於逮捕歸案。事件後，受害的小貓被取名「kogenta」，也有人製作相關的網頁和書籍等。此外，網友們發起要求重罰的連署活動。過去虐待動物的罪只是輕罪，大多不會被起訴，但是可能也因爲這項活動奏效，凶手被判六個月徒刑，緩刑三年。

恰好在福岡事件的一年半前，一九七三年制定的動物保護管理法，在成立二十六年後第一次修正，更名為「動物愛護及管理相關法律」（動物の愛護及び管理に関する法律，動物愛護管理法），並且規定過去只處罰金的寵物傷害罪，第一次設置有期徒刑（一年以下徒刑或一百萬圓以下罰金），另外對虐待、遺棄也修改為判處三十萬圓以下的罰金。但是這個事件發生時，社會上很多人認為這樣的刑罰是否還是太輕呢？該法在修正時設有每五年評估內容的規定，此後二〇〇五年、二〇一二年、二〇一九年也進行修訂。每次都加重虐待動物的相關處罰。現在傷害的徒刑上限修改為五年，罰金刑上限調整為五百萬圓，就虐待及遺棄方面，也修訂為一年以下有期徒刑或一百萬圓以下罰金。

隨著推動虐待動物加重處刑，對過去不列管的動物買賣業，在規畫上也漸次加強。一九九九年的修訂裡訂定申報制，二〇〇五年時實施登記制，二〇一二年的修訂，保障販賣上有困難的貓狗獲得終生飼養。另外又藉由同年和二〇一九年的修訂，禁止轉讓、展示，以及販賣出生未經

6 譯注：二戰時德國戰犯。

五、六日的貓狗。

關於動物實驗方面，二〇〇五年的修訂加入了國際原則3R（減輕痛苦、善用代替法、刪減使用數）原則，但是，現在只需要自主管理，多人要求引進第三方審查制度。

此外，近年行政單位也在積極走向「零安樂死」的目標。動物愛護管理法的修正在落實這個方針上有很大的貢獻。在二〇〇五年的修訂中，都道府縣政府的貓狗收容工作，可以委託愛護團體收容或尋找認養人。修定之後，規定收容寵物需付費的政府機關激增，藉此減少收容數量。進而，通過二〇一二年的修訂，都道府縣可以拒絕貓狗的收容。另外，二〇〇八年前後，各種媒體揭發動物囤積症的事例，最後在二〇一二年的修訂中，動物囤積列入行政單位勸告、命令的對象。在二〇一九年的修訂中，規定飼主有義務爲貓和狗裝上記錄擁有者資訊的晶片。

透過以上的修訂和行政單位、愛護團體的努力，不論是收容、安樂死處分的數量都大大的減少。據總理府環境廳的調查，收容數與安樂死處分數雙雙在一九九一年度達到高峰，分別是三十四萬三千六百四十二隻、三十三萬三千四百五十七隻，此後逐年減少，二〇一九年度，分別爲五萬三千三百四十二隻（最高峰時的一五．五%）、二萬七千一百〇八隻（同上的八．一%）（見二七〇頁圖41）。轉讓、送還一般人士的數量是二萬五千九百四十一隻，增加到收容數的四八．

六%。但是即使如此，現況是收容數一半以上會安樂死的現象依然存在。問題並不是單純停止安樂死處分就能解決，活下來的動物能保持什麼樣的生活品質才是一大重點。也有人指出，安樂處分數雖然降低，但業者不透過行政單位進行「暗地處分」的比例增多。由於政府單位拒絕收容，因而產生了專門承包動物收容的業者，其中也有表面上是「終生飼養」，卻任由動物在惡劣環境中等死的人。

「貓的現代」與未來

限於篇幅，不能再詳述更多，但存在其他各式各樣養貓的相關問題。但是即使如此，社會對貓的態度朝著福利優先的方向前進卻是肯定的。一九八八年，一位從戰前飼養貓長達五十年的人士回顧過去，提到「過去狗與貓的差別甚大，人們認爲狗聰明忠義，而貓性格惡劣」「愛貓人被當成怪人，遭一般人鄙視」，想到當初的景況，與後來「貓熱潮」的盛況相比，對貓地位的提高感慨萬千（前述淸水健兒〈猫を飼って五〇年〉）。但是，如果這位作者看到現在的「空前貓熱潮」，不知道會怎麼想。

日本東北大地震後的市民運動中，有人高舉「肉球新黨　貓的生活優先」的公告牌，因而在網路上引發話題。後來被民主黨於二〇〇〇年代後期直接套用在宣傳口號：「國民的生活優先」（二〇一〇年小澤一郎組成同名的政黨）。這張公告牌照片之所以廣爲散布，一半是因爲有趣，一半也因爲激起了某種程度的共鳴。事實上落實「貓的生活優先」的人數正在增加，例如：二〇一七年，專業建築雜誌《建築知識》爲〈打造適合貓的家〉規畫特集時，四萬冊全部完售，甚至後來還單獨出版成書，從這個事例就看得出來如此的傾向。走進書店的貓專欄區，架上擺著多本類似的書，顯示社會上已有許多人以貓爲中心建立生活。不過，養在室內的貓對人類的動向變得敏感，有些貓會因爲飼主外出工作不在家，過度理毛形成脫毛症等壓力症狀。飼主因寵物死亡而產生的「寵物失落」成了嚴重問題，也出版了好幾本專門解說的書。像這樣，貓成爲人類社會一員、成爲飼主無可取代的「家人」的程度漸漸升高。而這種變化可以說正是高度經濟成長以後貓的處境——現代貓的形成過程。

話雖如此，從這層意義上，貓的現代化還有很長的路要走。關於貓的糾紛仍舊源源不絕，近年也有人指出貓對稀有野生動物的掠食傷害、將貓安樂死處分以防止危害等問題，關於貓，還有很多難題存在，從中也形成了種種對立。到底未來貓與人類之間應該建立什麼樣的關係呢？歷史上人與貓的關係如何變化，應該可以成爲思考這個問題時的參考指標。

貓與人類的關係，絕不是如通俗「貓歷史」書籍所寫那樣：「日本人自古就一直喜愛貓。」從整體上來看，人們一直都是因著自己的方便來對待貓，也不斷讓牠們吃盡各種苦頭。但是，如本書所見，日本人類與貓的關係在近現代史中，有著大幅變化也是事實。貓的問題是人類社會的問題，人類社會是可以大幅變化、改變的社會。

未來我們應該怎麼改變？從現在起不再是歷史學家的領域，而是閱讀本書的各位讀者必須自己思考實踐的事。

尾聲

貓的近代／貓的現代是什麼

最後，我想用回答一開頭的問題：作爲人類社會的借鏡，貓的近代、現代是什麼，作爲本書的總結。

貓的近代，是個在形象層面上貓就是貓，換言之，將貓以生物原貌來看待的時代。過去，貓被描寫成妖貓或者貓神，是個令人畏怖的存在，但同時又在浮世繪或故事中被擬人化、演出宛如人類般的武打劇。此外，文人批評貓的時候，也會把人類的道德觀直接套用在貓身上，認爲牠們不懂忠義。但是，在明治時代文明開化的風潮下，理性和科學精神的普及剝奪了貓的神性、靈性，甚至是貓的人性。考慮到妖怪和神都是從人類延伸出來的想像產物，那麼這種貓形象的變化，可以說近代是一個不再認爲貓爲具有類似人類，乃至神怪心靈的動物，而是按照貓的原貌來描寫貓的時代。

近代以前其實也有喜愛貓的愛貓人，但他們喜愛的方式會隨著時代而變化，最重要的是，如果從整個社會來說，他們只有占了極少數。如果不把貓畫成美人的襯托，或像國芳那樣帶著滑稽性質，給予某種附加價值的話，其實是無法吸引大多數人的興趣。但是到了近代之後，貓的描繪、消費都傾向牠眞實的面貌。將貓從道德性的責難中解放、疼愛貓眞實面貌的舉動愈來愈明顯，也與這樣的趨勢一同發生。

可是，形成近代基礎的理性精神，不只包含科學上的追求，其附帶的價值觀是以事物的有用程度、效率作爲判斷標準。換句話說，有益、無益才是價值標準。當然這種得失計較從近代以前就已存在，但是到了近代，它變得極大化，成爲支配社會的行動準則。在這種觀念中，貓若對防疫政策有用時，就對認眞養育貓加以獎勵，反之，當貓干擾到戰爭或社會秩序時，就會強制奪走牠的性命，貓受到人類社會變動而擺布的傾向比以前更強烈。這個時期出現的愛護動物理論，讓動物從痛苦中解放本身並不是目的，終究只是從人類的教育效果出發。愛護動物的主張來自對於人類社會有用與否的觀點，隨著人類社會的狀況改變，也很輕易就遭到放棄。

貓的現代則誕生於高度成長期以後的社會。在追求自身生活富足中，把貓當成寵物來飼養的人增多，不久便造就一股「貓熱潮」。高度成長期中由生產、設備投資主導的發展面臨極限時，又藉著新興的資訊來創造消費。而「貓熱潮」正是在資訊導致的消費擴大效應中誕生。在書籍、雜誌和電視上，貓被提示爲消費的對象。而受到觸發的消費者當然輕易買下，又輕易拋棄。不負責任的飼主應運而生，眞的把貓當成一種「消費」。

不過，資訊帶動消費產生的「貓熱潮」中，出現了與貓相遇後，領悟到牠的無可取代，對貓有著與以往不同感覺的人。貓也從消費對象的「寵物」變成「家庭」的一員。而且，這不但只是個人感覺的變化，行政單位和愛護團體開始爲動物的福利奔走，發生災難時也展開救助他人家貓的行動。過去觸動消費的資訊，這次成了傳播這種價值觀的工具，貓成爲必須被守護的「社會一員」。成爲家庭、甚至社會裡的一員這種變化，是貓的現代最大的特徵，而且如今還是尚未完結的現在進行式。

貓的現代是近代的變異，同時也位在近代的延伸線上。貓飼料、玩具，以及醫藥品等，所有的商品都在消費社會與合理化中生產。從合理化延伸出去的還有管理化這個舉動，想想絕育手術、植入晶片，或是用金錢買賣貓就知道了。如果對人類的家族做這種事，我們會懷著什麼樣的情緒呢？從這層意義上，貓雖然是「家庭」的一員，但對待方式還是與人類有著本質上的差異。

但是我們有可能永遠把這種管理視爲異質嗎？今後，用同樣方式管理人類社會的將來未必不會到來。貓的現代甚至有可能成爲人類現代的先驅。在水俣病的時候，貓就先於人類發病。

掌握了這種管理的現況，可能有人會問，說來說去，人類只是爲了自己的欲望，把貓當作家人對待和利用而已吧？但是，我們也可以把這個問題反過來說。換句話說，儘管置身管理化或消費社會中，卽使如此，我們依然是愛著貓、必須守護牠的人。問題不在於有沒有管理、消費，或是人類的欲望介於其間，而是在我們最後追求的是人類自己的幸福，還是也把貓的幸福納入追求的目標呢。而這一點不正是近代與現代難以忽略的極大差異嗎？雖然我們必須有被社會體系束縛的自覺，但是，只要我們和貓都不可能脫離這個體系生存，那麼就只能在這個體系的制約下，一面持續微調多方嘗試，一面提高雙方的幸福度，這是唯一能解決問題的方法。

當然，貓不會說話，就算是提供選項，牠也無法做出選擇。正因爲如此，如果人類想要追求人和貓的幸福，就得明瞭我們無法完全了解貓的幸福，別把自己視爲絕對，如果不能常常用批判的態度來檢討是否眞的爲貓和人帶來幸福，就很有可能陷入獨善其身之虞。

另一點不可忽視的是，貓的「家人」化、「社會一員化」，與現實家庭的空洞化、社會的空洞化實在表裡一體。在社會複雜化與對他人不信任中，有人愛貓，將牠視爲唯一可以信賴的對象。

而且，近代大家庭以至於核心家庭都不斷減少，在這段變化的過程中，貓成爲「家人」是極爲矛盾的，但是絕非偶然。「社會和家庭只有人類」這種自明性的瓦解，比起素未謀面的外人，自己的貓成了不可取代的家人，如此的精神狀態才會讓貓成爲「家庭」「社會」一員的狀況成立。正是「家庭」「社會」都在轉變，才讓貓成爲其中一員。

看不見別人的臉，而懷抱著隔絕思想的人愈來愈多，其嚴重程度幾乎不像是生活在同一個社會裡。而這也是現代社會的特質。這種隔絕也出現在對貓的思考方式上。在這樣的情況下，貓的現代化不斷進展的同時，卻並不容易「完結」，本身又會衍生出新的問題。如果只是單純的好惡問題也就罷了，但是近年來還存在著不能歸納成只關乎好惡的問題，像是「野貓」對野生生物造成的傷害等。

本書通篇的觀點之一，是人們看待貓有各式各樣的視角，也因此衍生出各種糾紛。但是，同時如前所述，這種視角在歷史中是會改變的。我提醒過把過去人們對貓的看法，與現在我們對貓的看法直接相連的錯誤，既然如此，以我們現在的角度也無法看透遙遠的未來吧。能看到的終究只有現在，最大的能耐也只是構思不久的將來。

從歷史中明白了我們自己擁有的「可變性」，這也是把自己視爲絕對正義的問題所在。主觀的認爲所有人都有正義，所有的人都講道理，但是客觀上這種正義或道理卻包藏著問題。在這種主觀下想要互相理解、讓步就變得更爲困難，但也更爲重要。近年「地域貓」活動所代表的步伐，即使還留存著各種待解的難題，但從這層意義上，還是跨出寶貴的一步。

貓的幸福只能存在人類社會重建的前端，人類的幸福也只能存在於人類社會重建的前端。我們的當務之急，是重建要在多種歧見之間調整與對話這層意義下的民主主義。不管想導出什麼樣的答案，沒有經過上述程序，是不可能形成「我們」與「他者」（這兩者指涉的對象本身也是可變的）都幸福的社會吧。

後記

小時候我並不喜歡貓，確實原因我不知道，可是在我心中貓是種「狡猾的動物」。讓我愛上貓的轉捩點，是高中時全家到茨城縣時遇到的貓。晚上，我和弟弟們出外抓聚在燈光下的鍬形蟲時，有隻貓在後面跟了我們快兩公里。我心中惴惴不安，擔心牠會被車撞到，就這樣牠安全通過交通量多的斑馬線，一直跟在身邊，不時跟我們嬉戲，直到我們抓完鍬形蟲回家。我們把牠取名「土左衛門」，撫摸疼愛。最後向父親懇求「帶牠回家」。但是我們家住在集合住宅，並不允許養貓。跟父親討價還價之際，土左衛門自己消失不見了。僅僅幾個小時間的邂逅，我從那時候起就開始喜歡貓了。

搬出老家後第一次養了貓（第二〇四頁照片中的貓），此時才驚訝的發現，原來貓的感情如此豐富。以前從來沒想過人與動物之間可以有這麼深刻的交流。八年後，那隻貓生病死去時，淚流不止了好幾天。明明長輩親戚過世時一滴淚都流不出的我，為什麼會為了貓哭成這樣，連自己都感到驚訝。

即使貓死了，牠的記憶還活在我心裡，我用這個想法安慰自己，但是，未來如果自己也死了的話，這份記憶也會消失殆盡，無影無蹤。沒有人會知道那隻貓曾經存在過，那不就等於我和愛貓共處的那些日子，也不曾在歷史中存在過嗎？一想到這裡便悲從中來。轉頭一想過去同樣有很多我不知道的貓生活著，有一天我是不是能把過去貓與人交織的關係寫成一本歷史書呢。

但是，即使有了這個靈感，但要把它付諸實現需要機緣。而這個機緣在二〇一七年《文藝收音機》（文芸ラジオ）雜誌邀稿寫有關「貓的歷史」的文章時到來。但是愈是鑽研愈發現貓與人類的歷史未必都是幸福美好的事。與其寫少數受到名人寵愛、享受幸福的貓故事，我更想寫「尋常貓」走過的歷史。而我教書的大學職員看過《文藝收音機》上的文章後，請我也在大學的網站上撰寫有關貓歷史的短篇報導，最後促成了這本書的誕生。

下筆之後困難重重。貓與人類之間有著形形色色的關係，推移得十分緩慢。即使有整體的傾向，但一定也有例外。不但無法簡單的區分時期，而且極難用通論來描述人類愛恨幅度激烈的待貓之道。再怎麼常態化都伴隨著例外。所以旨在描寫「尋常貓」歷史的本書可以說步履維艱。但是，在沒有類似書籍狀況下，我能用歷時性（diachronique）來撰寫第一本貓走過的日本近代到現代之歷史，還是感到相當自傲。

當然，有些地方無法描述，再加上貓本身不會說話，想要描寫「尋常貓」而非部分貓的通史，必然就得捨棄活在過去個別貓兒的個性。就拿我個人的體驗來說，第一隻貓死去時，我想再也不養貓了。但是，我偶然發現一隻在我的貓死去當天出生的同種貓。當時心想，該不會是我那隻貓投胎轉世吧，懷著現在回想起來實爲愚蠢的念頭，再度展開養貓的生活。驚人的是，牠的外表雖然與前面那隻貓相似，但性格完全不同。我才領悟到貓也有著無法替代的個性。最初想寫的是「尋常貓」才開始寫書，但是事實是世界上並沒有「尋常貓」。描寫貓的近現代通史，有著硬將個性各有不同的貓塞進「尋常貓」裡的一面。不過如何將一隻隻各有特色的個性，編入通史性的歷史敍述中，難度非常高。記述個別貓回憶的文章比比皆是，但是我要寫的不是收集這類回想、記憶的選集，如何能在融入貓的個性下寫出一個客觀的歷史像呢？尤其貓不會說話，以牠爲題材眞的寫得出來嗎？我還沒有答案，它將是我今後的課題。

執筆時所寫的備忘筆記超過四十萬字，從中去蕪存菁寫下了草稿，但是最早的原稿也接近二十萬字。最後從原稿刪去四萬字，也有很多是當初想寫但寫不出來，以及逼不得已只好含淚刪除的部分。目前的狀況是，已刪除的部分再加上本書撰寫時冒出的新構想在內，有關貓的歷史還累積了大量的材料，多到可以再出好幾本書。包含前述如何將貓的個性融入歷史的課題，如果有機會的話，我希望能再寫一本新的書。

雖然最早的草稿刪除了相當多，但是篇幅還是超出最初的設定，衷心感謝擔任編輯的吉川弘文館冨岡明子女士，以盡可能運用的形式解決了問題，也設身處地的回應我種種要求。另外，在收集、整理資料，以及輸入數據、校正上，多多得力於宮谷菜月女士的幫助。對愛好動物，尤其是狗的宮谷女士來說，我想有很多不忍入目的記述，但她還是細心周到的完成作業，在此深深的表示感謝。

另外，許多與貓相關的同人誌或雜誌，圖書館並沒有收藏，搜集時十分辛苦。尤其是日本貓之會的《ねこ》部分會刊、日本貓愛好會的《貓》部分會刊、JCA的會刊《CAT》、《Cat Journal》雜誌、永野忠一的初期著作、福田忠次的《貓通信》和八鍬眞佐子的《NEKO漫畫通信》（ねこ漫画通信）等，很想查閱但最終還是找不到。貓的相關資料大多輕易就遭到丟棄，加上貓相關的團體大多因爲核心人物的退休或去世而解散，因此深深體會到諸位當事人實在必須留下紀錄。本書的讀者若是收藏一般圖書館沒有的貓歷史相關資料，盼望能主動聯絡，本人將不勝感激。希望它們不會被埋沒在歷史中，而以可以保存、活用的形式留存到未來。

二〇二一年三月

真邊將之

歷史・世界史

貓走過的近現代

歷史學家帶你一窺日本人與貓的愛恨情仇！

猫が歩いた近現代——化け猫が家族になるまで

作　　者 — 真邊將之
譯　　者 — 陳嫺若
發 行 人 — 王春申
審書顧問 — 陳建守
總 編 輯 — 張曉蕊
責任編輯 — 徐　鉞
版　　權 — 翁靜如
封面設計 — 張　巖
版型設計 — 林曉涵
營　　業 — 王建棠
資訊行銷 — 劉艾琳、謝宜華、蔣汶耕
出版發行 — 臺灣商務印書館股份有限公司
23141 新北市新店區民權路 108-3 號 5 樓（同門市地址）
電話：(02)8667-3712
傳真：(02)8667-3709
讀者服務專線：0800056193
郵撥：0000165-1
E-mail：ecptw@cptw.com.tw
網路書店網址：www.cptw.com.tw
Facebook：facebook.com.tw/ecptw

局版北市業字第 993 號
初　　版：2023 年 6 月
　　　　　2023 年 9 月 1.8 刷
印 刷 廠：鴻霖印刷傳媒股份有限公司
定　　價：新台幣 430 元
法律顧問 — 何一芃律師事務所

國家圖書館出版品預行編目（CIP）資料

貓走過的近現代：歷史學家帶你一窺日本人與貓的愛恨情仇! / 真邊將之著；陳嫺若譯. -- 初版. -- 新北市：臺灣商務印書館股份有限公司, 2023.06
面；14.8×21公分. --（歷史・世界史）
譯自：猫が歩いた近現代：化け猫が家族になるまで
ISBN 978-957-05-3495-5（平裝）
1.CST: 貓 2.CST: 文化研究 3.CST: 文化史
4.CST: 日本
731.3　　112005807